中村俊輔式
サッカー観戦術

中村俊輔

ワニブックス
PLUS新書

はじめに

僕はいつもサッカーのことを考えている。

試合や練習、その前後のメンテナンスなどサッカーに関わる時間を除くと、食事と睡眠、あとはお風呂くらいしか興味がない。

家にいる時や移動中はもちろんのこと、夢の中でもサッカーと向き合っている。

そうしてしまうのは、単純にサッカーが好きだからという理由もあるが、それと同時に危機感を持っているからだ。

サッカーの世界における時計の針は、驚くほどのスピードで進んでいる。

チーム、選手、フォーメーションなどは日々進化し、数年前は当たり前だった技術や戦術が、気が付いたら時代遅れになっている。

少しでも気を抜いたら、あっという間に取り残されてしまうだろう。

そういった変化の波に対応するために、僕は日々サッカーを観て、思考をアップデートさせている。

最近、ふと思った――。自分はプレーヤーとしてピッチに立っているけど、ファンやサポーターはどんな視点でサッカーを観ているのだろう、と。

考え始めたら、想像が止まらなくなってしまった。

●テレビでサッカー中継を観る時、もっと楽しむ方法は?
●サッカー観戦に来た人は何をポイントに観ればいい?
●友達や家族に、どうしたらサッカーのおもしろさをより語れるようになる?

現代サッカーをより深く、より熱く楽しむための方法論を伝えたい。

今回、その想いを書籍という形で一冊にまとめた。

ここに記す内容は僕自身のサッカー観がもとになっているので、実際のパフォーマンスに関係する部分も出てくるだろう。40歳になった今も現役でプレーしているから企業秘密にしたいこともあるけれど、できるだけ隠さず話すので、参考にしてサッカーをさらに楽しんでもらえたらうれしい。

本編の先駆けとして、僕個人の観戦術をここでひとつ紹介したい。

サッカーは90分で行われるスポーツで、忙しい時代を生きる現代人は時間に追われることも珍しくないはず。仕事や学校だけでなくプライベートの用事だってある。多くの時間をサッカーに割いている僕も、時間が無限にあるわけではない。気になる試合を録画しても90分フルに視聴する余裕がない場合、どうするか――。

僕は、「前半の真ん中」と「後半の真ん中」を観る。

具体的には前後半の15分くらいから30分あたりを再生する。

統計上では、後半30分以降にスコアが動くことが多い。試合を決着させる終盤でもあり、ドキドキハラハラするのはその時間帯だと思う。

僕が観る真ん中の時間帯は、海に例えるならば〝凪〟の状態。両チームが試合のリズムに慣れてきた頃で、互いにけん制し合い、打開策を探っている。何も起こらないことが多く、得点が入りにくい時間帯ともいえる。多くの人にとっては退屈な時間だが、僕はこう考えている。

〝ゲームが動かない時間だからこそ、選手がもともと持っている能力・性格が見えやすく、チームとしての色も表れやすい〟

「それなら0対0のキックオフ時がいいのでは？」

そう思う人もいるだろうが、ゲームの立ち上がりというのは意外と動きが堅く、自然体ではない場合も多いものだ。

開始15分までに得点が入っている場合は、リードしている側のゲームの進め方や、ビハインドのチームがどのタイミングでギアを上げるかに注目する。こうした視点を持つだけでも、サッカーの観方がだいぶ変わってくると思う。

試合結果は後で知ればいいし、（詳細は本編で説明するが）すでに結果が出ている試合も僕は楽しみながら観ることができる。

ゴールシーンのように誰の目にも明らかな潮目ではなく、何気ないワンプレーにこそ試合を大きく左右するヒントが隠されている。そんな一見地味なワンプレーは、ゴールシーン中心のハイライトではなかなか観られない。

ワールドカップや欧州チャンピオンズリーグは時差の関係で日本の夜中にキックオフすることも珍しくない。僕は、翌日に練習がなければリアルタイムで視聴したいと思っていて、そんな時は真夜中でも不思議と眠くならない。

普段は日付が変わる前に眠っているのに、明け方にキックオフするバルセロナの欧州チャンピオンズリーグはアドレナリン全開で観てしまう。

一度サッカーモードに入ると、自分がプレーしているような気持ちになって疲れるし、気が付いたら汗をかいていることもよくある。

幼少期は南米の選手の個人技にばかり目を奪われていたけど、プロになってからは個人と戦術の両方を観るようになった。どうしても自分のプレーのヒントにならないかという視点が入ってしまう。

ただ、現役のうちは睡眠も大事だから思う存分試合を観られないのが大きな悩みだ。

いつか引退して指導者になったら、戦術を中心に研究する日々になると思う。
引退したら試合を観まくる。現役のうちはヒントを探しまくる。
本書を通して、みなさんがサッカーを観る際の助けに少しでもなれたら幸いである。

中村俊輔

中村俊輔式　サッカー観戦術　　目次

目次

はじめに　3

第一章　中盤を制する者がゲームを制す――「トップ下」の観戦術……17

中村俊輔＝トップ下　18
『中盤を制する者がゲームを制す』　21
究極のトップ下はジダン　23
まずは「4バック」か「3バック」かを確認する　26
1トップの採用がトップ下に与えた影響　28
相手が嫌がるポジションにいるか　30
トップ下を封じるために生まれた「ブロック守備」　33
シャドーストライカーの先駆け的存在はモリシさん　37

新生・日本代表をけん引する南野拓実、中島翔哉、堂安律　39
トップ下を観ればサッカーの流れや変化が分かる　42

第二章　戦術からサッカーを読み解く──「戦術」的な観戦術……45

「戦術」はサッカー観戦に深みをもたらす〝ツール〟　46
戦術理解の第一歩はフォーメーション　48
ポゼッションサッカーの最高峰・バルセロナ　52
まずはビルドアップに注目せよ　56
バックパスの奥深さ　61
「攻め残り」からカウンターのチャンスが生まれる　64
ゼロトップ・メッシという革新的戦術　67
守備側視点の「４バック」「３バック」　70
数的優位を作り出す「オーバーラップ」　73

第三章　ピッチを彩る個の力──「個」の観戦術……79

マラドーナ、カズさんに代表される「個の力」　80
メッシのすごさは「体重移動」にあり　84
ストライカーのタイプが変わってきた　88
ポストプレーは大迫から学べる　91
「斜め45度」からの攻撃に注目せよ　95
存在感を増してきたサイドプレーヤー　99
イニエスタは「足首の柔らかさ」が図抜けている　102
ボランチ＝チームの「幹」の太さ　104
ゴールキーパーは人柄と人間性が大切　106
玄人好みの妙技を見せる内田篤人　110
中澤佑二と闘莉王はイタリア人顔負けのＤＦ　112

第四章　セットプレーはパッケージで楽しむ―「セットプレー」の観戦術……117
セットプレーは中が7割、キッカーが3割　118
キッカーがルーティンを大切にする理由　120
セットプレーはパッケージで楽しむ　123
GKの立ち位置がFKの成否を決める　125
FK時にベッカムが漂わせる特別な〝雰囲気〟　128
マンツーマンｏｒゾーンは世界共通　131
CKはチャンスとピンチが天秤にかかっている　134
中村俊輔流のPKへの向き合い方　137
スローインは休憩タイムにあらず　140
第五章　観戦方法についての考察―「スタジアム」&「映像」での観戦術……143
サッカーを観る方法は大きく分けてふたつ　144

結果を知っていても楽しく観るには？ 146
リプレイの活用方法 149
すすんで贔屓のチームを作ってみる 151
本当の意味での「ホーム」と「アウェイ」 153
スタンドの反応が選手の出来を左右する 156
ウォーミングアップから読み解けるチームの狙い 159
何かが起きる2～3秒前を把握する 162

巻末特典 記憶に残る5ゲーム

巻末特典 記憶に残る5ゲーム……167
レアル・マドリード×バルセロナ（2009年5月2日） 168
フランス代表×日本代表（2001年3月24日） 170
ベルマーレ平塚×横浜マリノス（1997年5月3日） 173
レッジーナ×インテル（2002年9月22日） 175
キルマーノック×セルティック（2007年4月22日） 177

おわりに　藤井雅彦（本書担当ライター）　180

第一章　中盤を制する者がゲームを制す

――「トップ下」の観戦術

中村俊輔＝トップ下

サッカーにはさまざまなポジションが存在する。

11人で行うスポーツだから11個のポジションがあり、フォーメーションが違えば、また新しいポジションが登場する。唯一、陣形に左右されることのないポジションはＧＫだけだ。

僕は長らく「トップ下」としてプレーしてきた。読んで字のごとくトップの下に位置するわけで、ここでの『トップ』はＦＷを意味する。つまりトップ下はＦＷのすぐ下（中盤）に位置する選手のことを指していて、すべてのチームに必ずいるわけではない。トップ下を置かないフォーメーションのチームはたくさんある。

トップ下はあくまでもポジションの呼称であって、役割ではない。これは他のポジションにも当てはまることだが、務める選手によってプレーの性質は大きく異なる。同じチームの同じフォーメーションでも、トップ下を務める選手がＡ選手とＢ選手なら、当然ながらパフォーマンス内容が変わってくる。

僕が幼少の頃、トップ下という言葉はなかったと記憶している。その時代は『オフェンシブハーフ』や『攻撃的ＭＦ』と呼ばれながらプレーしていた。フォーメーションとの兼ね合いもあるけど、トップ下という呼び方が定着したのは１９９０年代に入ってからだと思う。ちなみに守備的ＭＦがボランチと呼ばれるようになったのは90年代終盤だった。

仕事内容に焦点を当てた呼び方だと『司令塔』や『ゲームメーカー』、あるいは『ファンタジスタ』という表現もある。司令塔やゲームメーカーはゲームを作る役割を任された選手で、ファンタジスタは想像を超える特別なプレーができる選手に対して使われる。どれも位置取り以上にプレーの性質を表しているから、聞いただけで選手のプレーをイメージしやすい。

22年間のプロサッカー人生において、僕のプレースタイルはさまざまに形容されてきた。僕自身の意識はあまり変わらないが、得点やアシストなど目立つ活躍をした場面では、「俊輔、ファンタジスタの輝きを放つ」など、少しくすぐったい表現でテレビや新聞に使ってもらったこともある。

ただ、僕としては常にトップ下の選手でありたい。中村俊輔＝トップ下。観ている人がそんなイメージを持ってくれていたら、個人的にはすごくうれしい。

年齢を重ねたことでポジションを後ろに下げる選手もいる。相手からのプレッシャーが比較的弱い位置で配球役にまわるケースだ。でも自分はボールに触れてゲームを作りつつも、なるべく高い位置で〝危険な〟選手でいたい。だから最近の居残り練習では、相手ゴールの近くで決定的な仕事をするためにピッチのラスト3分の1を想定したトレーニングに取り組んでいる。

もちろんチーム事情や状況によって、自分が理想とするトップ下のポジションに居続けられるわけではない。あくまでも僕のプレーの根底を成す考え方だと理解してもらえれば、実際のプレーを観る際もより楽しめるはずだ。

トップ下という、ひとつのポジションだけを切り取っても、時代とともに役割が大きく変化している。そして、僕は「中盤（トップ下）を制する者がゲームを制する」とも考えている。

『中盤を制する者がゲームを制す』

僕は4歳の時に、1歳上の兄の影響を受けて地元の「深園《みその》サッカークラブ」でサッカーを始めた。当時は幼稚園児が集まってのサッカーだったから、細かいフォーメーションや戦術はなかったし、何よりも無邪気にボールを蹴っているだけで楽しかった。それでも役割のようなものはあり、当時はFWとしてゴールをたくさん決めていた記憶がある。兄がFWの時は、自分は3トップの左サイドに張るウイングのような位置からセンタリングを上げてアシストすることに楽しみを覚えていた。

本格的にトップ下になったのは小学生になってから。最前線でボールが来るのを待っているだけでなく、たくさんボールに触れたかった。点を取るのも好きだったけど、味方に点を取らせることも同じくらい好きだった。それに得点だけでなく、ゲームを作っていく作業に面白さを感じていた。

中学生になるとマリノスのジュニアユースに所属し、高校3年間は桐光学園に通って全国制覇を目指した。ポジションは基本的にトップ下で、当時は2トップが主流だったので、ふたりのFWと自分の連係でゴールを目指していた。ジュニアユースの頃は悔しい思いもしたけど、高校で必死に練習してプロサッカー選手になることができた。

今度はプロとしてマリノスのユニホームを着てからも、ポジションは変わらずトップ下。この頃は3バックを採用するチームも多かった中で、自分は相変わらず2トップの少し下の位置でゲームを作りつつ、得点に絡む仕事をしていた。そして、幸運にも新人時代から多くの試合に使ってもらえた。

当時、同じJリーグに所属する選手で参考にしていたのは名古屋グランパスのストイコビッチ。「なぜあんないろいろなところに顔を出すんだろう」と思いながらプレーを観察していると、あることに気付いた。ボールを扱う技術の高さもさることながら、制限なくピッチを動くことで相手が混乱し、自分たちにとって有利な状況を作り出していた。マークのズレや配置のギャップが生まれて、それによってフリーの選手が生まれる。トップ下の選手がゲームを支配しているというお手本のようなプレーヤーだった。

それ以降、僕の中では『中盤を制する者がゲームを制す』という意識がある。マリノスでは先輩ボランチの上野良治さんや遠藤彰弘さんが「お前のチームなんだから守備はしなくていいぞ。それよりもボールを奪ったらすぐに預けるから攻撃してくれ」と言ってサポートしてくれた。

こうして自分の中に、トップ下の理想像が出来上がっていった。

究極のトップ下はジダン

僕がプロになった頃、世界には素晴らしいトップ下の選手がたくさんいた。ルイ・コスタやジダンは自分が理想とするプレースタイルの持ち主で、同じ1978年生まれのリケルメやひとつ歳下のアイマールも似たタイプだ。自分も含めて、ここで名前を挙げた全員に共通するのはMFということ。FWやアタッカーではなく、MFがトップ下としてチームの中心にいた。

特にジダンは自分の中で最高のトップ下として今もなお、君臨している。

ジダンのすごさは、ジダンが反対側のチームにいたらそのチームが勝つだろうということ。例えば、負けてばかりのチームが、他の10人は同じでもジダンがそのチームに入ったら、ジダンのいるチームが勝つであろう……。

抽象的な言い方になってしまうけど、それだけの存在価値がある。もっと前の時代だとマラドーナがそうだったし、最近だとメッシも同じような特別な存在だと思う。でも、自分の中で究極のトップ下はジダンだ。

トップ下として絶大なる影響力を発揮していたジダン

ボールを持ち過ぎることなくシンプルにパスをさばいて周りを使うだけでなく、ドリブルやボディフェイクで相手をいなすこともできる。ゲームを作る能力に長けているので、チームは試合を優位に進められる。必然的に得点が入りやすいし、最終的にチームが勝ちやすい状況になっていく。

そして、最も優れていたのは、局面で〝違い〟を見せ、チームメートに自信を与えられること。『自分たちのほうが上だ』と、ワンプレーで見せつける。たったひとつの何気ないプレーで仲間に自信を与えて、方向性を示す。ピッチ上の〝指揮者〟と言ってもいいかもしれない。何人も抜くような派手なドリブルや豪快なシュートを決めるわけではなく、トラップひとつで局面を大きく変えられる。自分のプレーに自信を持っていて、それを必ず成功させる選手はそうそういない。

日本人でジダンに似た雰囲気を持っている選手は小野伸二（現・北海道コンサドーレ札幌）だろう。シンジは自分よりひとつ歳下だけど、数多くの世界大会を経験していることもあって若い時から余裕を持ってプレーしていた。ファンタスティックなプレーは意外性に富んでいて、味方に自信をもたらす雰囲気も持っている。ピッチの中でいろいろな選手と絡むプレースタイルもトップ下らしい。

１９９０年代になって特に守備戦術が発達したことで、よりシステマチックなサッカーが増えていった。個の力を組織で封じるという考え方は、日本人も共感するところだろう。
しかし、どんな戦術を用いても抑えられない選手がトップ下にいた。それがジダンだ。

まずは「4バック」か「3バック」かを確認する

優れたトップ下がいれば、チームの攻撃戦術について悩むことはない。その選手自身が戦術になりえるから。でもジダンのようなスペシャルな選手はなかなか現れない。だから2トップ+トップ下というユニットで攻撃を組み立てる方が多い。

僕がマリノスに加入した時も、2トップには城（彰二）さんとサリナスという優れたストライカーが並んでいた。ボールを持ってパスを出す間合いさえ作れれば、相手を抜き切る必要はない。自分が顔を上げた瞬間にもうふたりは動き出しているから、あとはその動きに合わせてパスを送るだけでいい。だから当時、パスを出すのに困った記憶がない。

面白いのは、攻撃の戦術が進化すると、守備の戦術も進化すること。2トップ対策として登場したのが3バックだ。4バックではなく3バックを採用して、2トップをふたりのストッパーがマークし、ひとりが余る形で守る。つまり常に3対2を作り、数的優位を保つという考え方が生まれた。

この3バックは相手の攻撃力を封じる意味合いが強い守備陣形で、ストッパーの選手はFWに対抗できるように守る能力が高い選手が適任。『高さ・強さ・速さ』がいわゆる三種の神器となり、攻撃への関与は二の次だったと思う。そして守備的MFには相手のトップ下の選手を徹底的にマークできる選手を配置した。

攻めているトップ下の立場としては、相手の最終ラインが4枚か3枚かで攻略法は大きく変わってくる。これについては第2章でも話すけど、ピッチの横幅約68メートルを守るのが4人なのか、あるいは3人なのか。それぞれにメリットとデメリットが存在する。

Jリーグでもほとんどのクラブが4バックと3バックを交互に使い分けてきた。一貫して4バックで戦っているのは鹿島アントラーズくらいで、そこにクラブとしてのブレない信念が見て取れる。監督や選手が時代とともに入れ替わっても、基本となるシステムはずっと変わらない。それが鹿島の強さの源泉なのだろう。

キックオフの瞬間、多くの選手がスタートポジションにつく。主審のホイッスルが鳴る前に「このチームは3バックだな」、「今日は4バック対2トップか」と判断できれば、試合が始まってからの展開も想像しやすくなると思う。

1トップの採用がトップ下に与えた影響

時代の流れとともにフォーメーションのトレンドは移り変わっていく。

2トップを封じるために採用されたのが3バックだとすれば、次は3バックを打ち破るために1トップを採用するチームが増えていった。最終ラインを3人で守っていても、相手のFWはひとりしかいないからマークする役割・責任が定まりにくい。攻めている側が守る側に対してギャップを作り出し、優位に立とうという発想だ。

攻撃側のメリットは他にもある。相手の最終ライン3枚に対してFWをひとりしか割かないのだから、今度は中盤で数的優位を作りやすくなる。ただし、1トップを務める人材は強力な個性を持っていないと難しい。いろいろなことができるバランス型の選手よりも、一芸に秀でたプレーヤーのほうが1トップとしてのポジションを確保しやすいし、周りも生かしやすい状況が生まれる。

日本人の場合、総じて協調性があり、フィジカルよりもアジリティ（敏捷性）に優れているので、2トップタイプのFWが多いかもしれない。

世界的には1トップが主流となり、そうして登場したのが4―2―3―1だ。日本代表も長らくこのフォーメーションを使っているし、Jリーグでも2017年、2018年と連覇した川崎フロンターレの基本形になっている。攻守両面でバランスの取れた陣形で、僕が自身2度目のJリーグMVPに選ばれた2013年のマリノスもこのフォーメーションを採用していた。

ただ、同じトップ下でも求められる役割は昔と異なる。

4―4―2や3―5―2のトップ下の時は前述したようにふたりのFWがいるけど、4―2―3―1の場合はひとりしかいない。中盤で数的優位を作りやすく、サイドから攻撃を仕掛ける選手の能力も引き出しやすい反面、相手ゴール前にかける人数がどうしても少なくなってしまう。4—2—3—1ならば「3」の中央にあたるトップ下の選手は1トップの選手とともにフィニッシュシーンに顔を出す仕事を求められ、ゲームメークは1列後ろのボランチに任せるのがオーソドックスになってきた。

4—2—3—1の流行が、昔ながらのトップ下がいなくなった大きな要因のひとつだろう。ワールドカップや欧州サッカー、Jリーグと世界中を見渡しても純然たるトップ下はほとんどいない。

僕個人としてはこだわりがあるだけに、一抹の寂しさを覚えずにはいられない。ジダンのようなトップ下が再び現れる日はやってくるのだろうか。

相手が嫌がるポジションにいるか

自分が4—2—3—1のトップ下を務めている時は、中盤でどれだけ有利な状況を作れるかに焦点を当ててプレーしていた。自分とダブルボランチの3人でトライアングルを作り、相手の中盤との攻防で主導権を握ることでチーム全体が優勢になる。

いうまでもなくダブルボランチとの関係性がすごく重要であり、トライアングルの形は一定ではなく、目まぐるしく変わっていく。

正三角形や二等辺三角形になっているほうが珍しく、いびつな形をしている時間帯のほうが多いと思う。でも、だからこそ相手のマークのズレが生まれて、チャンスを作りやすくなる。いつも同じ距離、角度でいたら、相手は対応しやすい。

これは4―2―3―1に限った話ではなく、中盤の選手の位置関係と対応する側の陣形を見れば、試合状況が見えてくる。

ボールを受ける位置としては、相手も警戒しているエリアなのでなかなかフリーにはなれない。プレッシャーをかいくぐりながら相手と相手の間でパスをもらうことになる。

特にMFにとって、この〝間〟で受けるという技術は欠かせないものだ。相手にマークされた状態でボールを要求しても味方はパスを出しにくく、パスを受ける瞬間を狙われているかもしれない。

注目してほしいのは、相手が嫌がるポジションでボールを受けられているかどうか。

自分がプレーエリアを下げたとしても、相手のプレッシャーが弱ければボールを受けて前を向ける。反対に、高い位置でボールを待っている時は相手のボランチが自分をマークしなければいけないので、仲間のボランチが前を向きやすい。絶対に自分を経由して攻撃する必要はなくて、トップ下の自分の存在が相手の注意を引きつけていれば周りはプレーしやすくなる。ボールに関わらなくてもチームが優位に立てれば、それはトップ下としての付加価値と言えるだろう。

そもそも僕は相手にマークされているという感覚ではなく、あえて中途半端な位置にいることも多い。相手との駆け引きを楽しみつつ、次にどこへ動けばいいかを頭の中で考えている。鳥のように空を飛んでピッチを俯瞰できれば、両チームの選手の位置関係とボールの場所、そして空いているスペースを把握できる。そんな視野を持ってプレーするのが理想だ。

スタジアムのスタンド上段から観戦した経験のある人には、その気持ちが伝わりやすいと思う。

トップ下を封じるために生まれた「ブロック守備」

ここで守備をする側の心理を考えてみたい。

守備戦術を解説する際に『ブロック』というフレーズを耳にしたことはないだろうか。ボールにアプローチして奪いにいくのではなく、自陣のスペースを埋めて守るという発想だ。

4バックならディフェンスラインの4人と中盤の4人（あるいは5人）が均等な位置関係で並び、「4―4（5）」でスペースを埋める。3バックの時は両ウイングバックが下がって最終ラインを5枚に変形させ、その前に中盤の4人を並べて「5―4」の陣形を作る。守備側は8～9人がそれぞれ与えられたスペースを埋めることに重点を置く。これが基本的なブロック守備の形だ。

理想はできるだけ高い位置でボールを奪い、その勢いのまま相手の陣形が整っていないタイミングでゴールを狙うこと。しかし、選手間の意思疎通が図れていないプレスは、攻撃側のパスワークの餌食になってしまい、たちまち失点してしまう。そこで、まずは自陣に隙間を作らないようにと考えたのがブロック守備の起点だ。

相手チーム側は常に同じ位置関係と距離、角度で攻めてくるわけではないので、ブロック守備は縦ズレと横ズレを繰り返して対応する。ポジションチェンジまではいかないが、常に微調整をしながらスペースを埋めていくというわけだ。

この戦術は選手個々の守備意識と、チームとしての共通理解がないと成立しない。誰かひとりでもバランスを崩した動きをすれば、そこが穴となって相手に突かれてしまう。

では、ブロックを形成してくる相手をどう攻略するか。

トップ下としてプレーする僕は前後左右に幅広く動き、味方とポジションチェンジしながら穴を見つける作業を繰り返す。別項でも取り上げる『バックパス』はそのための有効な手段で、相手の陣形が整っているタイミングで前方へ強引なボールを入れてもはね返されてしまう。一度ボールを下げて攻撃をやり直す決断も必要。観ている側は退屈に感じるかもしれないが、何気ないバックパスにも意図がある。

あるいはサイドからの突破を試みるのも有効な手だろう。人数を割いて固められている中央より、守りの優先順位が低いサイドから攻撃の糸口を探す。仮にボールを失った

3バックのブロックの作り方

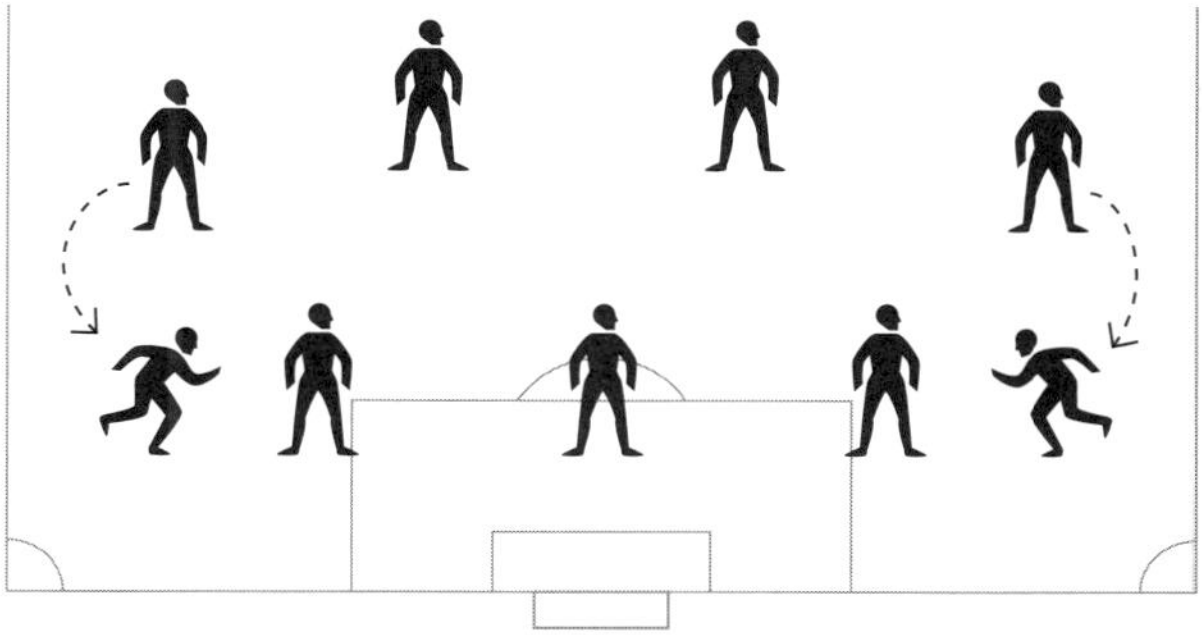

両サイドMFの位置を下げることによりディフェンスラインが5人になり、ゴール付近の守りが厚くなる

4バックのブロックの作り方

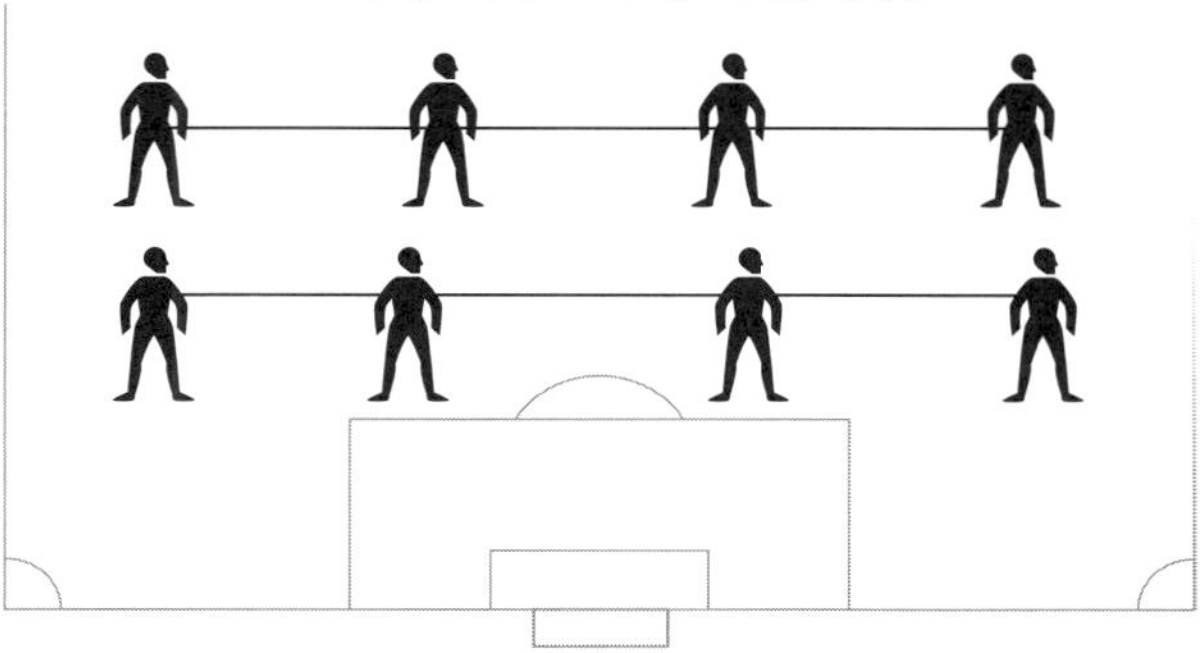

ディフェンスラインと中盤の4人ずつが均等な位置関係で並び、自陣のスペースをバランスよく埋められる

としてもサイドであれば自陣ゴール前までの距離が遠いため、中央から食らうカウンターに比べれば危険度が低い。攻撃しながらも守備のことを念頭に置いておく。こうして両チームが駆け引きを繰り広げているというわけだ。

トップ下の選手が下がり過ぎると前線の枚数が少なくなり、特に1トップの場合は相手が固めるゴール前で孤立してしまう。味方のサポートが必要ないくらい強力なストライカーがいればいいが、それだけの能力を兼ね備えた選手は極めて稀だ。それゆえ次第にトップ下に求められる能力の優先順位が変化し、自分のようなトップ下は生きにくいサッカーになっていった。

守備戦術の進化にともない、次第にサイドアタッカーが注目される時代になった。結果としてトップ下の選手の居場所がなくなり、オフェンスはより組織化されていく。トップ下の選手も、斜め前方のスペースへ飛び出す動きが増えた。これは昔ながらのトップ下というよりも、後述する「シャドーストライカー」や「インサイドハーフ」と呼ばれるタイプの選手に多く見られる傾向だろう。

シャドーストライカーの先駆け的存在はモリシさん

昨今のサッカーは、スタートポジションが同じトップ下でも、人を使うトップ下よりも人に使われるトップ下が圧倒的に多い。

僕がプロになった頃は、トップ下の選手がゲームを作っていた。でも今は最終ラインからビルドアップが始まり、センターバックやボランチの選手がゲームを作るケースが多い。彼らがピッチの半分くらいまでボールを持ってきてくれて、トップ下の選手はより相手ゴールに近い位置で、得点に直結する仕事を担うようになった。これが現代のトップ下に求められる最大の仕事だ。

いうなれば、シャドーストライカーという形容のほうがイメージしやすいかもしれない。ＦＷの背後に隠れ、少し遅れてゴール前に入っていく影のゴールゲッターだ。守る側からすると、２列目からの飛び出しは捕まえにくく、マークの担当が明確にならないことが多い。守備の人数が揃っていても失点してしまうのは、シャドーストライカーの能力を生かす戦術が上回った結果と言えるかもしれない。

僕がコンスタントに日本代表に選ばれるようになった2000年過ぎ、このシャドーストライカーの役割を見事にこなす選手がいた。セレッソ大阪に所属していた『モリシさん』こと、森島寛晃さんだ。

森島寛晃はシャドーストライカーの先駆け的存在

モリシさんはFWの西澤明訓さんとコンビを組み、ペナルティエリア内からたくさんゴールを決めていた。西澤さんの斜め後ろあたりにスタートポジションを取り、ボールが西澤さんに入った瞬間に追い越してボールを引き出す。スピードが速いだけでなく、飛び出すタイミングとあうんの呼吸が素晴らしかった。互いの特徴を把握しているので、感覚でプレーしているような感じ。ふたりのコンビプレーを映像で確認できる人は、是非見てほしい。セレッソ大阪と日本代表の両方で抜群の存在感を発揮し、2002年の日韓ワールドカップでも日本の大きな武器となっていた。

日本代表で一緒にプレーさせてもらう時は、モリシさんの動きを目で追いかけていた。自分がベンチに座っている時はもちろん、同じピッチに立っている時もモリシさんのポジショニングと動き出しに注意を払っていた。そして真似をしようと試みた。でも同じようにゴールを決めるのは容易ではなかった。

僕はゲームを作り、ラストパスを出すことを得意とするトップ下で、モリシさんはトップ下の位置からゴールを量産するシャドーストライカーの先駆けのような存在だった。

新生・日本代表をけん引する南野拓実、中島翔哉、堂安律

シャドーストライカーとひと括りに言っても、モリシさんのような動き出しのタイミングで勝負するトップ下は少ない。鹿島アントラーズの土居聖真選手がモリシさんと似

たタイプかもしれないが、最近のトップ下の選手は、自分でボールを持って勝負を仕掛けられるタイプが増えてきた。

ロシアワールドカップが終わり、新たに森保一監督が就任した日本代表にはアタッカータイプの選手が多く揃っている。2列目に並ぶ南野拓実選手、中島翔哉選手、堂安律選手の3人はゲームメーカーではなく、シャドーストライカーとしてゴールを狙うプレーを得意としている。

プレーするエリアとしては、下がった位置でビルドアップに絡むよりも、高い位置でボールを待つ場面が多い。足下でボールを受けてからドリブルをスタートするアクションが多いのも特徴だ。

彼らは攻撃的なポジションであれば、中央でもサイドでもプレーできるだろう。ビルドアップは最終ラインとボランチの選手にある程度任せて、自分たちは相手のボランチの脇あたりで〝浮いている〟。相手が捕まえにくく、ボールを受けた瞬間に対峙する相手を置いていくことを常に意識しているように見える。

そのため、ボールを受けた際の一番の選択肢は前を向くことになる。

２０１８年の親善試合では、新しい代表チームの立ち上げというタイミングもポジティブに働き、ミスを恐れない積極的な姿勢が光った。仮にボールを奪われてもチャレンジした結果なのでネガティブな印象にはならない。これから強いチームや相手と戦って壁にぶつかったとしても、逃げずに前を向いて勝負していってほしい。勝負することで課題が見つかるわけで、最初から回避する方法を模索する必要はないと思う。

彼らは中央、サイドを問わず2列目の選手として、どこからでも点を取れそうな感じがするし、見ていてワクワクするプレーというのは大事な要素だと思う。みんな身長があまり高くなく、アジリティに優れているタイプ。それは日本人選手の武器でもあるので、それぞれが海外リーグで腕を磨き、レベルを上げていくことが大事になる。

ゲームを作るよりも、ゲームを決める役割。そう表現すれば彼らの仕事内容をイメージしやすいのではないだろうか。

トップ下ではなくシャドーストライカーと呼ぶほうがしっくりくる。

トップ下を観ればサッカーの流れや変化が分かる

シャドータイプの選手がトップ下に陣取るケースが多くなり、ゲームメーカータイプのトップ下は居場所を変えざるをえなくなっていった。

トップ下の選手がボランチに下がり、プレッシャーの少ない位置でゲームを作る役割を担ったり、サイドのポジションで攻撃の起点を作ったりと、ゲームメーカーの配置転換が行われた。そうなると必然的に新たな役割を求められるようになる。

ボランチならトップ下で出場している時よりも守備のタスクが増え、サイドであれば縦の動きが増えるのに加えて、より運動量を求められる。

この章の冒頭でも述べたように、僕は小さな頃からトップ下というポジションにこだわりを持って生きてきた。古臭いトップ下として燃え尽きたいという思いもある。

それでも、40歳まで現役を続けてきた過程で、トップ下以外のポジションもたくさん経験してきた。

トルシエ監督の下では左ウイングバックでプレーすることで普段と違う景色を見た。

セルティック在籍時代や岡田武史監督の日本代表では中盤の右サイドでプレーする機会も多かった。2010年にJリーグに復帰してからも、マリノスやジュビロで常にトップ下にいたわけではない。

その時のチーム状況やメンバー構成によって求められる仕事は常に変化する。

ずっと同じプレーをしているわけにはいかないし、自分のこだわりに固執していたら組織の和を乱しかねない。それではチームが良い方向にまわっていかない。一番大事なのはチームが勝つために何をすべきかを考えてプレーすることだ。

トップ下という、たったひとつのポジションだけを切り取っても、時代とともに役割が大きく変化していることがお分かりいただけただろうか。

流行りのフォーメーションや守備戦術と密接に関係し、サッカーの時計の針は常に動いている。何か新しいアイディアが生まれる度、それを上回るアイディアが登場する。数年前に多くのチームが採用していた戦術が再び主流になることも珍しくない。

トップ下の役割を考察することで、現代サッカーの流れや変化を掴める。

第二章　戦術からサッカーを読み解く

――「戦術」的な観戦術

「戦術」はサッカー観戦に深みをもたらす〝ツール〟

サッカー観戦をする際、「戦術」と「個」を対比させ、さらに優先順位をつけようと考える人はいないだろうか。まるで『鶏が先か、卵が先か』のように。

そう考えるのは、ナンセンスなことだと思う。

プロサッカー選手はいかなる状況でも勝利を目指しており、戦術はあくまでも勝利する確率を上げるための方法論だ。そもそも戦術と個が相反するものではないのだから、最初から比較すべきではない。

チーム強化の手法もクラブによってさまざまだろう。

個を最優先に考えて作るチームがあれば、戦術というレールを敷いてから選手を揃えていくチームもある。どちらが正解とは断言できない。もっとも、ピッチ上がより組織化された昨今は、戦術を理解・浸透して表現できなければチームとして勝ち続けて上のステージに辿り着くのは難しい。

例外的に、戦術を凌駕する力を持つ個が現れることもある。第1章で登場したジダンであり、現代サッカーではメッシがそれに該当する。

彼らがいるだけで所属チームは優位に立ち、勝利に近づく。だから存在そのものが戦術として扱われることも珍しくない。それだけ優れた選手がいるのだから、彼らを生かす戦い方が勝利への最短距離。ただし、そんな時でもジダンやメッシを陰でサポートする選手がいて、その相互理解が戦術になっている点は見逃せない。

とはいえ現代サッカーにおいて、個人に依存したチーム作りは少数派だろう。特定の個の状態や調子に左右されるところが大きくなり、何らかの理由で不在になった際、チーム力が大幅にダウンしてしまう。だから戦術に重きを置いたチーム作りが一般的となり、そこに各チームの特色が表れる。

戦術を考える――。これは観戦という視点でもとても重要だ。

チームそれぞれの基本戦術を知っておくだけで、楽しみが何倍にも膨れ上がる。参考程度に頭に入っているだけで、ピッチの至るところで繰り広げられる攻防がより価値を増す。

この章では代表的な戦術を紹介し、着目すべき視点を解説していく。サッカーに深みをもたらす戦術という名のツールを理解すれば、ピッチを観る眼が必ず変わる。

戦術理解の第一歩はフォーメーション

サッカー中継でよく耳にするのが『フォーメーション』や『システム』という言葉だ。試合前、両チームの選手の名前が書かれたマグネットをボードに貼り付け、解説者がそれを参考にしながら見どころを話している——。

こんなシーンを目にしたことのある人は多いのではないだろうか。

試合に臨む際の布陣や陣形と言い換えれば分かりやすい。11人をどのように配置するかは自由で、そこにルールは存在しない。

一般的に「DF—MF—FW」の順番で3分割表記され、GKは唯一無二のポジションなのでここではカウントしない。代表的なのは4—4—2や4—3—3、3—5—2といったフォーメーションだが、今は4—2—3—1や3—4—2—1といった中盤の構成を細分化した表記も増えた。

フォーメーション図

監督の戦術や選手の
特徴によって、さまざまな
フォーメーションが採用される

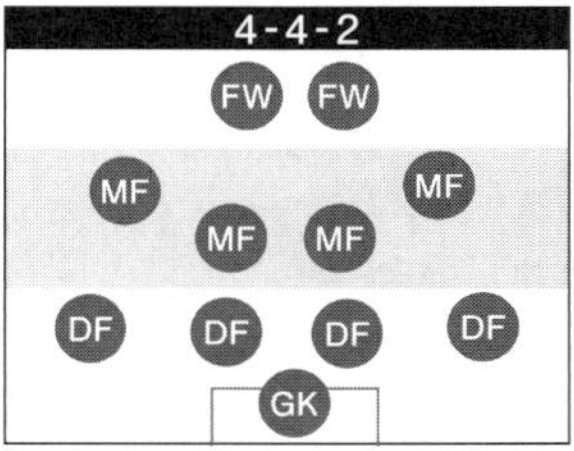

使用チーム	鹿島アントラーズ
長所	それぞれの守備ゾーンが明確なので、マークのズレなどが少なくなる

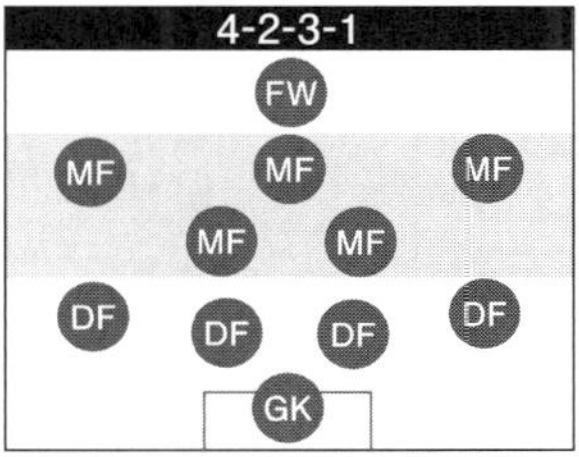

使用チーム	2018年日本代表
長所	前線4人が良い距離感を保てれば攻撃に厚みがでる

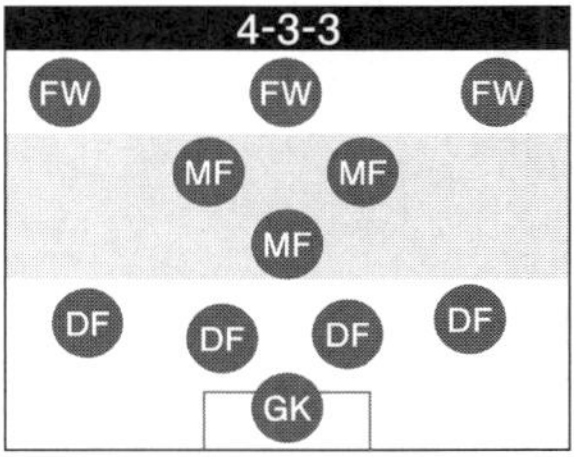

使用チーム	バルセロナ
長所	ピッチ全体に三角形を作りやすく、パス回しが円滑に

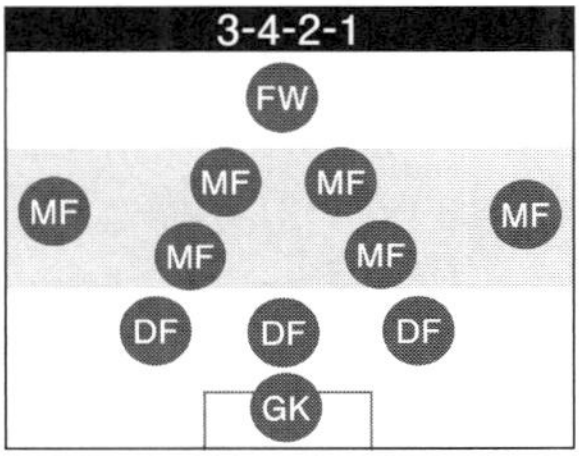

使用チーム	北海道コンサドーレ札幌
長所	2シャドーの選手が最前線に飛び出すことで攻撃に幅がでる

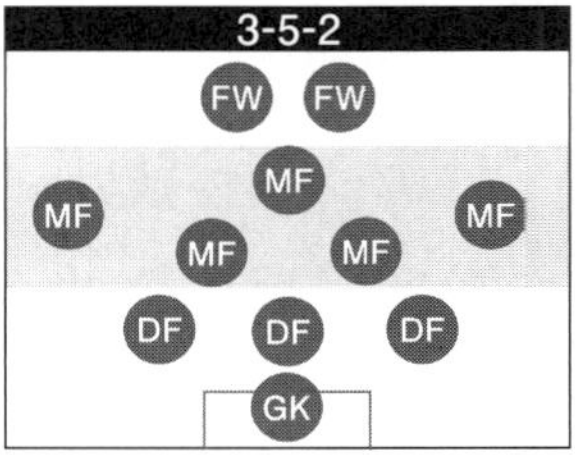

使用チーム	2002年日本代表
長所	サイドMFのポジショニングによって5バックへの移行など戦術変更が可能

フォーメーションは戦術の一部で、チームスタイルを決める大きな指針となる。例えば4バックと3バックでは攻守において考え方が大きく変わり、2トップと1トップでも狙いとする形が変わってくる。フォーメーションは目指す方向性の道標だと思ってもらえればいい。

どのようなフォーメーションを組み、誰をどの位置に配置するのか。それだけでチームの色や狙い、戦略が見えてくる。

ボールを持つことが得意な選手をボランチにふたり並べているチームはパス回しを主体とした攻撃を志向している場合が多いだろう。4―4―2や4―2―3―1で中盤のサイドにスピード豊かなドリブラーがいたら、そのチームはボール保持よりも縦に速いサッカーを目指している。1トップの選手が長身でヘディングの強い選手なら、シンプルに後方からのロングボールを活用し、サイドからもターゲットマン目がけてセンタリングを上げる傾向がある、などなど――。

配置だけで断定できないこともたくさんあるが、少なからず傾向は見えてくるものだ。

さらに、同じフォーメーションを採用しているチームでも、選手個々の特性によってチームカラーは当然変わる。

大物選手を次々と獲得できる潤沢な資金力を持つクラブは、世界を見渡してもひと握りで、多くのクラブはそうではない。Jリーグに関しても、ほとんどのクラブが限られた資金でやり繰りしている。だからこそ戦力が拮抗したリーグとなり、フォーメーションが持つ意味は大きくなる。

そこで戦術の第一歩として、フォーメーションを固定させるチームは少なくない。それぞれのポジションに役割を課し、特性を持った選手を当てはめていく。メリットとしては、形を固定して戦うことで共通理解が深まり、戦い方がブラッシュアップされていく。デメリットは、長い年月同じフォーメーションで戦うとどうしても相手に研究され、自分たちもマンネリ化する恐れがあることだ。

Jリーグで最も多くのタイトルを獲得している鹿島アントラーズは、常に4バックと2ボランチで戦っている。

前線こそ2トップを基本としながらオプションとして1トップを採用する時期もあったが、チームの根幹はまったくブレない。「鹿島＝4バック」というイメージがあり、それが伝統になりつつある。ジーコという象徴的な存在がいたことでクラブに一貫性がもたらされ、後の項で触れるブラジル代表の影響も色濃く感じられる。

鹿島のようなクラブは日本ではレアケースだと思う。ほとんどのクラブがその時々の戦力に応じてさまざまなフォーメーションを活用し、今日に至っている。

サッカー観戦の入り口として戦術やフォーメーションの狙いを見抜ければ、試合中に起きる事象の理由やその後の展開も想像しやすくなるだろう。

ポゼッションサッカーの最高峰・バルセロナ

フォーメーションが戦う上での枠組みだとしたら、これから解説していくポゼッションはサッカーの基本となるアクションだ。

どんな名選手であっても、たったひとりではゴールを奪えないのがサッカー。

マラドーナやメッシといったドリブルが得意な選手ですら、相手チーム全員を抜き去ってゴールを決めるのは不可能に近い。

だから僕たちはパスをつなぐ。11人全員が力を合わせ、パスでボールを運び、ようやくゴールが決まる。チームスポーツの醍醐味ともいえる瞬間を迎えるためには、たくさんのパスが必要になる。それがポゼッションの意味であり、狙いだ。

ただし、ボールを持っている時間と結果は必ずしも比例しない。パス本数の少ないチームがカウンターで得点して逃げ切る、という試合はサッカーの世界で珍しくない。後述するが、カウンターも立派な戦術だ。

それでもボールを持つ時間を長くしてパス成功率が高ければ、相手が守備に回る時間は長くなる。肉体的にも精神的にも優位に立てる。そうすれば理論上は得点できる確率が高まるのだから、自ずと勝利に近づくはずだ。

現代サッカーにおいて、「ポゼッションサッカー」の代表的なチームはバルセロナをおいて他にない。ポゼッションはバルセロナの代名詞といっても過言ではなく、まるで教材のようなスタイルが息づいている。

誰が観ても純粋にサッカーを楽しめるチームは少ない。時代とともに所属選手が入れ替わり、チームとしての強さにも多少の違いはあるけど、いつの時代を切り取ってもバルセロナはバルセロナのサッカーをやっている。

その理由は、育成組織から一貫したスタイルに基づいてトレーニングし、試合に臨んでいる点にある。幼少期からバルセロナのサッカーを教え込まれ、体に染みついている。常に競争の世界に身を置き、チームが目指しているスタイルを上手に表現できる選手がトップチームに昇格する。選手個人のフィジカルやスピードにレベルの違いがあったとしても、根本的な考えは変わらない。だから若い年齢でもトップチームで遜色なくプレーできるケースが多い。

その代表格がメッシであり、シャビやイニエスタといった世界の最先端を行く選手たちだ。彼らは生粋のバルセロナ育ちで、トップチームの選手や練習を肌で感じる環境で育ってきた。目指しているサッカーが同じなので、自然とロイヤリティが生まれ、目標も見つけやすい。このスタイルの礎を築いたヨハン・クライフ氏の「美しく勝利せよ！」という言葉を今もなお実践し続けているのがバルセロナだ。

僕自身、セルティックに所属していた2007―2008シーズンの欧州チャンピオンズリーグ決勝トーナメント1回戦でバルセロナと対戦する機会があった。試合前は世界最高峰のサッカーと対戦できることに心を躍らせていたけど、スコア以上に手も足も出なかった。少し苦い思い出だけど、貴重な経験をさせてもらった。

当時はロナウジーニョが全盛期の時代で、メッシが頭角を現してきた時期だった。ポゼッションのテンポが違い過ぎて、守備をしている側はプレッシャーをかける瞬間を見つけられない。ボール支配率70％近くと圧倒され、だんだんと気持ちが萎えてきたのを覚えている。「こんなにもレベルが違うものなのか」と愕然とした。

特徴は、攻守の要であるボランチに判断能力が高く、ボールを動かせる選手を置くこと。ボランチは危機察知能力やボール奪取能力が重要なポジションだが、バルセロナの考え方は違う。ボールをずっと持つことの意味や深さ、尊さを知っている。『ボールは疲れない』という格言どおり、とにかくボールを動かし、走らせることで相手を徹底的に疲弊させる。常に攻撃的なスタイルを貫き、守備の選手でさえも攻撃センスの高い選手が多かった。

ポゼッションを主にしたサッカー観戦のノウハウを知りたい人にとっての入口となるのがバルセロナだ。

最近はメッシという突出した個の存在によってスタイルが若干変わっているけども、世界のサッカーシーンに一番大きな影響力を持っているクラブであることに変わりはない。

パスの本数を多くしてゲームを支配し、勝利する。理想を実現させるバルセロナに憧れるサッカーファンは、僕をはじめ数多い。

まずはビルドアップに注目せよ

次に、ポゼッションの第一歩となる『ビルドアップ』に話を展開したい。

後方からボールをつないで組み立てていくという意味のビルドアップで起点となるのは、主にディフェンスラインの選手やGKになる。

第1章で述べたように、トップ下の選手がビルドアップに参加するのは最近では稀。顔を出すのはボランチの選手までで、後方の組み立ては彼らに任せてしまうケースが多い。ビルドアップの〝始発駅〟と言ってもいいだろう。

新生・日本代表を例に挙げるとわかりやすい。

2列目の南野拓実選手、中島翔哉選手、堂安律選手はハーフウェイラインより手前に下がってボールを受けるのではなく、できるだけ高い位置での仕事に比重を置いている。ビルドアップを請け負うのはセンターバックの吉田麻也選手やボランチの遠藤航選手、柴崎岳選手で、ここで上手にパスを出し入れすることが最終的にチャンスを作れるか否かに大きく関わってくる。

現代サッカーでは、守備の選手は守っているだけではなく、攻撃の起点となる役割を求められるようになった。こういった役割の変化によって、ディフェンスラインやGKのタイプも次第に変わってきた。

僕がプロになってすぐの頃のセンターバックはフィジカル能力が高く、ヘディングが強いなど、守備に特化した選手を配置していた。でも現代サッカーでは守備能力に加えて足下の技術が欠かせない。

プレッシャーを受けても余裕を持ってボールを動かせる選手が必要で、最近はGKにもビルドアップ能力が求められるようになった。GKが11人目のフィールドプレーヤーになることでパス回しは格段にスムーズさを増す。

そして同じビルドアップでも4バックと3バックではボールの動かし方が異なり、ポジショニングが変わってくる。現代サッカーの攻撃のほとんどはディフェンスラインから始まるので、観戦する際も注目しやすいと思う。

4バックの場合、ふたりのセンターバックの距離に焦点を当てて観ると面白い。距離が近すぎるとパス交換が難しく、プレッシャーを受けやすくなってしまうので、適度な距離感が大事になる。開いたふたりの間にボランチのひとりが下がり、2センターバック＋ボランチでボールを動かす。それによって両サイドバックの位置取りが変わり、高い位置へ押し出せる。

サイドの選手の位置取りが高くなれば相手も下がらざるをえなくなるので、ボールを前へ運びやすいシチュエーションが作れる。

一方、3バックの時は、ディフェンスラインが3人のままビルドアップを行うケースが多い。現在、北海道コンサドーレ札幌を率いるペトロヴィッチ監督がサンフレッチェ広島や浦和レッズでも採用した可変式のフォーメーションは、3バックにボランチが加

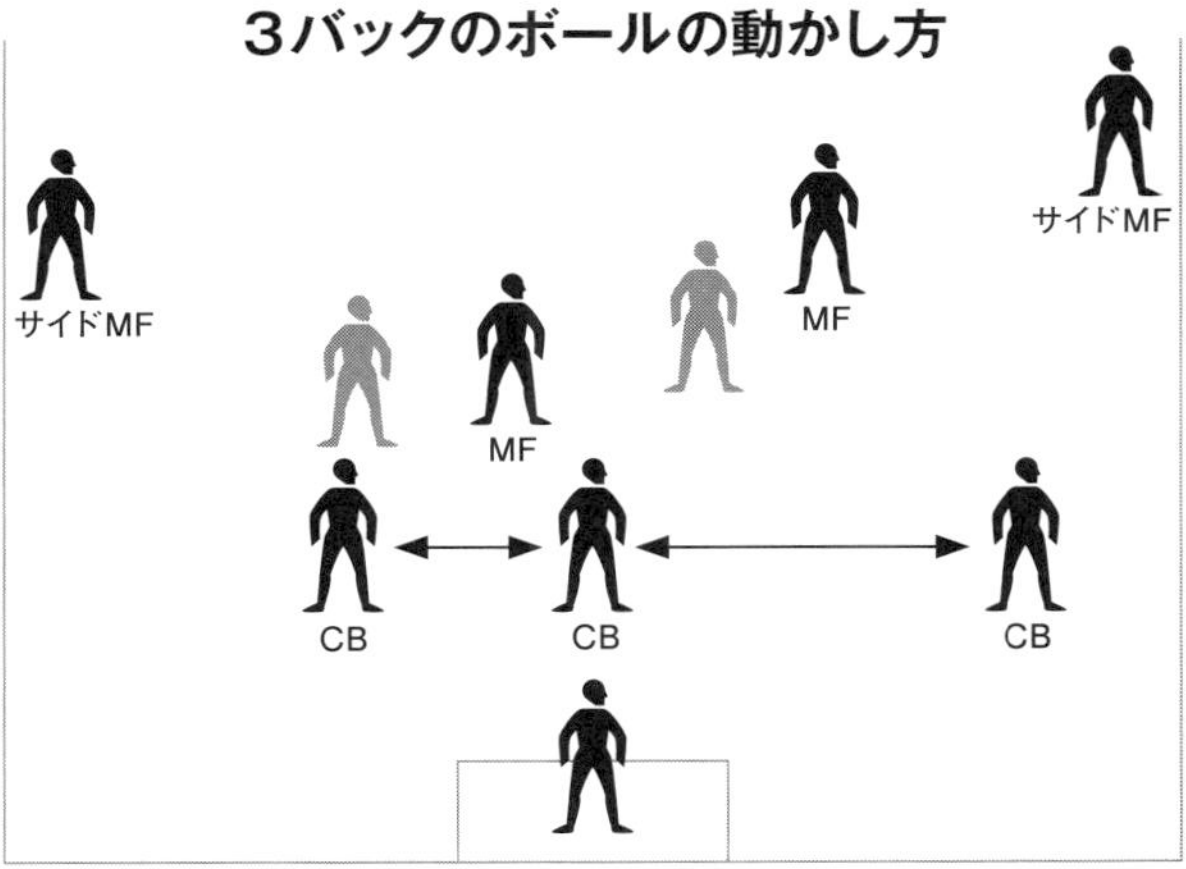

3センターバックの距離をあえてアンバランスにすることにより
相手の陣形を歪ませてギャップを作る

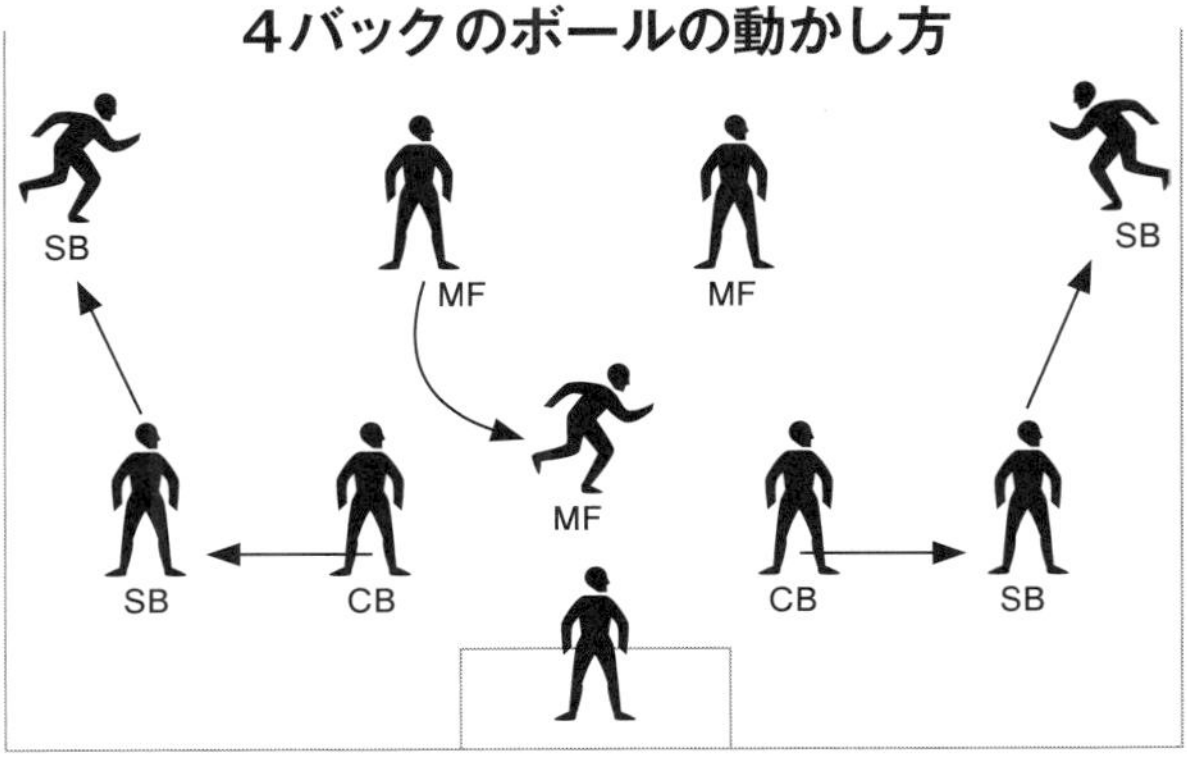

ボランチのひとりがセンターバックの間に入ることによって、
両サイドバックを高い位置へ押し上げることができる

わることで4バックになってビルドアップを行うが、これは珍しい例だろう。

3バックは中央と右、中央と左の選手の距離をアンバランスにすることで相手の陣形に歪みが生まれる。それぞれの辺の長さが同じだと、相手のプレッシャーを受けやすくなってしまう。あえて自分たちが〝ズレる〟ことで相手の守備組織にギャップを作り出せる。ボールと相手の位置によって3枚の立ち位置が変わるチームはビルドアップ能力に長けているチームと考えていいだろう。

どちらのフォーメーションの場合も、どれだけ良いアングルで相手陣地に入れるかがビルドアップの良し悪しを見極めるポイントになる。

正確な技術と判断があれば、フィジカル能力はあまり関係ない。サイドの選手は足が速くなくてもポジショニングとタイミングで相手を置き去りにできるので、そうなればチームとして攻撃を加速しながら相手ゴールに迫れる。

相手ゴールから最も遠い位置でのパス交換はプレッシャーを受けにくいので比較的安全度が高く、観ている側としては退屈な印象を受けるかもしれない。得点に直結するパスを出すのはかなり難しいので、相手をけん制しつつも慎重なパス交換がどうしても多くなる。

注目すべきはビルドアップによって相手のバランスがどのように動いているか。そしてどのタイミングでスピードアップのパスが出るかの2つだ。

地味な作業を丹念に続けていくことで相手の守備陣形に穴が見つかる。

観戦中に「今のタイミングだ！」と思い、実際に局面が動いたとしたら、それはビルドアップ上級者の証だろう。

バックパスの奥深さ

ビルドアップに関連するスキルをひとつ紹介したい。『バックパス』だ。

前述したように、攻撃を前方向に組み立てていくのがビルドアップの基本だが、相手も守りを固めているので簡単には進んでいけない。前だけでなく横や斜め後ろ、そして後ろへのバックパスが必要になってくる。前後左右にパスを出し入れしていくことで、初めて相手の陣形を揺さぶることができる。

バックパスは相手ゴールから遠ざかるパスなので、一見しただけでは消極的に感じるかもしれない。その間に相手は陣形を整えて、結果的に攻めるのが難しくなる場合もある。監督の中にはバックパスを嫌って「ボールを下げるな」と指示する人もいる。効果的に使えなければまったく意味のないプレーになってしまうので、タイミングと意図が大事になってくる。

一口にバックパスといってもさまざまな種類がある。

長いボールで大きく下げるのか、短いボールで少しだけ下げるのか。パスの長さと角度によって戦況に与える効果が変わってくるから面白く、奥が深いプレーだと思う。バックパスを出した先の選手がテンポよくボールを動かせれば、局面を打開する有効な一手になるだろう。

最も効果的なのは、少しだけ角度をつけた短いバックパス。

相手は首を振ってボールの行方を追わないといけないので、マークすべき選手を一瞬見失う。ただ逃げるようにボールを下げてしまうと、相手は陣形を整えつつラインを上げられるし、プレッシャーを受けるだけになってしまう。

「今は落ち着こう」という無言の意思表示など、パスに意図があれば、ゆっくりのボールでもいい。

ヤット（遠藤保仁／ガンバ大阪）はゲームの流れと状況を読むのが上手いので、何気ないパスにメッセージを込められる。一緒に代表チームでプレーしている時は「ここは焦って攻めず、一度立て直そう」という狙いで、あえて力を抜いたバックパスを出し、チーム全体を落ち着かせていた。

その他でバックパスの使い方が上手いのは、名古屋グランパスのエドゥアルド・ネット選手。遊びのパスと狙いの縦パスの使い分けがハッキリしている。

川崎フロンターレの大島僚太選手は短い距離のドリブルも織り交ぜながらパスを出せるので、相手の目線を変えさせるプレーが上手だと思う。

僕もバックパスはとても重要なプレーであると考えている。一度やり直して、迂回する。何度でもやり直して、焦らず根気強くチャンスの芽を探し、いいシチュエーションになってから前へ行けばいい。

「攻め残り」からカウンターのチャンスが生まれる

ビルドアップと対極に位置する戦術が『カウンター』だ。

前者がパスを多くつなぎながら時間をかけて攻めていく戦術なのに対して、後者は少ないパス本数でスピーディーにゴールを陥れる狙いがある。相手が極端に前がかりになっていれば、GKやセンターバックからのロングパス1本で得点に結びつけることができる。

カウンターで重要なのは、相手陣内のスペースを活用するという点だ。

ボールを持って攻めている側に対して、あまり守備に参加せずスペースを狙っている選手がいれば、それはカウンターを狙っているサインだ。FWが守備もそこそこにセンターバックの視界から隠れている時や、サイドアタッカーが相手のサイドバックをケアせず背後のスペースで待っている瞬間など、いわゆる〝攻め残り〟からカウンターでの大チャンスが生まれる。

僕が2010年にJリーグに復帰してからだと、横浜F・マリノスにおける齋藤学

（現・川崎フロンターレ）や、ジュビロ磐田移籍後は、アダイウトンがその役割を担っていた。

彼らは守備のタイミングでも相手と駆け引きし、あえて高い位置に残る。そして、チームが守備から攻撃に切り替わった瞬間、縦への推進力を発揮し〝矢〟の役割を担っていた。

ボールを奪ってから長い距離を飛び出していくケースもあるが、その場合は単独での突破は難しい。後方からどんどんと選手が湧き出てくるような攻撃になればカウンターとして成立するだろう。

世界的に見て攻め残りが上手な選手の代表はメッシとともに世界最高のプレーヤーとして知られるクリスティアーノ・ロナウドだ。あれだけのスピードとパワーがあって、なおかつスペースがあったら鬼に金棒。守る側はとても難しい対応を迫られる。

彼は守備をある程度チームメートに任せて、その間もパワーを温存している。そしてマイボールになった瞬間、爆発的なパワーで相手ゴールに迫る。それが所属チームの戦術となり、前所属のレアル・マドリードや現所属のユベントスで得点を量産している。

どんな強豪チームもカウンター一発に沈むことがしばしばある。

ロシアワールドカップでは、ロシアやデンマークといった、いわゆる中堅国がしっかりとした守備からカウンターを狙う戦術で強豪国にひと泡ふかすシーンが目立った。

かつてのワールドカップは、国によってチームごとのカラーがはっきりしているお祭り的な要素があったけど、今まで以上に結果に執着する国が増えていた。自分たちの理想を封印してでも、我慢して勝機を見出すチームが多かった印象だ。

当然ながら、得点が一番生まれやすいのは相手の守備の枚数が少ない時である。だからこそカウンター中心のサッカーは現実的な戦術なのだろう。ポゼッションサッカーや絶対的な個を生かすサッカーに対して、効果的にハマった際は威力を発揮する。

それがロシアワールドカップでスペインのような優勝候補や、メッシという絶対的な個を持つアルゼンチンが上位に進出できず敗退した理由のひとつになっていたと思う。

ゼロトップ・メッシという革新的戦術

前項で名前を挙げたメッシだが、バルセロナでの輝きに比べてアルゼンチン代表では本来のパフォーマンスを出せていないというのは有名な話だろう。

ロシアワールドカップでアルゼンチン代表の試合をすべて観ていたけど、今大会も消化不良のまま終わってしまった印象が否めない。相互理解が出来上がっているバルセロナと違って、メッシひとりにかかる負担が大きすぎるのだと思う。

バルセロナでは世界最高の選手の名にふさわしいパフォーマンスを見せていて、特に脅威となっていたのが、メッシを3トップ中央に置いたゼロトップ。このフォーメーションはバルセロナとメッシだからこそ成立させることができた。

ゼロトップの場合、両サイドのFWは必ず高い位置を取って相手のサイドバックを押し込む。相手のセンターバック2枚は3トップ中央のメッシをマークするけど、ゼロトップと呼んでいるように普通のFWより少し下がり目の位置にいるから捕まえ切れない。

もしセンターバックが前へ出ると、両サイドのFWに中央のスペースを使われてしま

バルセロナ ゼロトップ

（2010－2011シーズン）

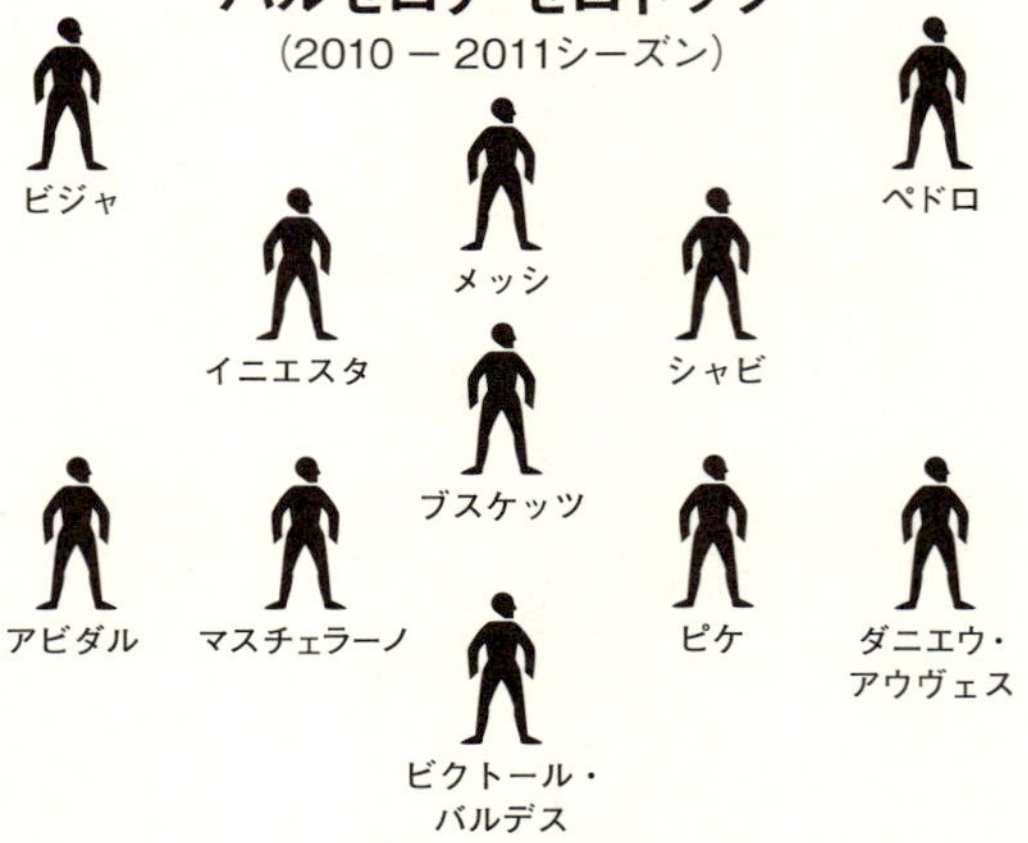

う危険がある。メッシは中盤の選手の役割も果たすので、自然とバルセロナの中盤が厚くなり、ゲームを支配できる。相手のボランチがメッシをケアしてきても、今度はシャビやイニエスタがフリーになる。

相手はバルセロナの両サイドにいるＦＷ２枚を最終ライン４枚でマークする形になり、その時点で中盤は常にバルセロナの数的優位になるのでボールを自由に回せる。

そしてゼロトップが成立するのは、ボールを持って前を向けば単独でゴール前に入っていけるメッシがいるからこそ。メッシの存在が相手に無言のプレッシャーを与え、戦況を有利にしている。

もちろんメッシをサポートする体制も整っている。センターバック2枚とワンボランチだけでビルドアップが成立するので、必然的にサイドバックの位置取りが高くなる。そしてサイドバックは前線に行けばウイングのクオリティでプレーできて、そのポジションのスペシャリストにもなれるくらいの能力がある。まるで将棋の『歩』が高い位置に進出したら『金』に変化するように。右サイドバックのダニエウ・アウヴェスはまさにそんな存在だった。

同じ強豪でもマンチェスター・ユナイテッドのサイドバックの選び方は異なる。サイドバックはあくまでもサイドバックとして世界有数の選手で、それぞれのポジションに能力の高い選手が揃っていた。バルセロナは違うポジションでも高いパフォーマンスを発揮する選手がいる。

メッシがいるからこそのゼロトップであり、バルセロナだけが成せる業。そんなゼロトップは革新的な戦術と言えるだろう。

守備側視点の「4バック」「3バック」

今度は守備側の戦術について触れていきたい。

攻撃戦術と守備戦術は表裏一体の関係で、どちらかだけが先を行くというのはあまりない。まるで〝いたちごっこ〟のような関係が永遠に続き、互いに切っても切り離せない関係にある。

4バックと3バックでは守備の構造が大きく違う。攻撃時のビルドアップでもそれぞれの特徴を述べたけど、ディフェンスシーンでもそれぞれにメリットとデメリットが存在する。

今、世界では4バックと3バックのチームが同じくらいの比率になっているのではないか。少し前までは4バックを採用するチームが多数派を占めていたように思うが、ここへきて3バックのチームが増えてきた。でも4バックの前は3バックが主流の時代もあったので、ディフェンスラインの枚数についてはこれからも日々移り変わっていくのだろう。

国やリーグ、時代によって主流となる枚数は異なる。ただし、どちらかが攻撃的で、もう一方が守備的とは一概に言い切れない。

4バックでもサイドバックが積極的に上がるチームもあれば、守備に重きを置いて4人のディフェンスラインをあまり崩さずに戦うチームもある。3バックも同様で、守備時は中盤の両サイドにいるウイングバックと呼ばれる選手が下がって5バックになる形も多い。どちらも攻撃時と守備時で枚数を変化させているところがポイントで、90分間同じ陣形のまま戦っているチームはおそらく存在しない。

4枚と3枚の違いは角度にある。攻める時も守る時もアングルが変わってくる。中央にふたりしかいない4バックはゴール前の守備が手薄に感じるかもしれない。たしかに数字上は3バックのほうが中央に枚数を割いているという印象を受けるだろう。でも、それらは必ずしも実際にプレーする選手の感覚と一致していない。

3バックの場合、3選手の距離が小さくなるからパスが通らないと思われがちだが、ボールウォッチャー（ボールばかりに目が向いてしまい、マークをおろそかにした状態）になりやすいのは、実は3バックのほうだと考えている。

4バックの場合はふたりでFWのマークを受け渡す。3バックの時は3人で受け渡す。その役割を担う選手が増えているため、自分以外の選手に任せがちで、責任の所在が曖昧になる。人間の深層心理なのかもしれない。

4バックのほうが役割は明確で、特に相手が1トップの場合はひとりがマークしてひとりはカバーに回る。3バックで1トップや2トップと対峙するのも理論上は同じ。でも自分たちの人数が増えることで確認し合う作業も増えていく。これが混乱を招く原因になる。

攻める側としては、相手のマークにズレが生まれた瞬間を狙ってパスを出したい。

個人的には3バックよりも4バックのほうがスルーパスを出しにくい。それは4バックだと中盤に枚数を割いていて自分にプレッシャーがかかっている状況が多く、顔を上げにくい状況になっているという理由もある。

これだけだと4バックの優位性が高いと思われるだろうが、3バックにもメリットは存在する。繰り返しになるが自陣ゴール前に割く枚数は3バックのほうが多く、両ウイングバックも含めて5バックになり、さらにボランチも加われば守備の厚みはさらに増す。

したがってスペースを埋めるという作業が容易になり、サイドからのセンタリングは処理しやすい。リードしているチームが残り数分を逃げ切るために3バックに変更するのは、ゴール前を固める典型的な例だ。よりゴール近くで守る場合に強さを発揮するフォーメーションと言えるだろう。

守備側の観点で、中央突破に相性が良いのが4バックで、サイド攻撃に相性が良いのが3バック。この考え方で守備時の陣形を観てもらえると、それぞれのチームがどのような思考と優先順位で守ろうとしているかが見えてくる。

数的優位を作り出す「オーバーラップ」

ビルドアップで攻撃を組み立てているが、相手の堅い守備に攻撃が行き詰まってしまった。スペースがないためカウンターを仕掛けることも難しく、かといってシンプルにボールを預けて得点してくれるような強力なＦＷがいるわけでもない。こんな〝手詰まり状態〟になっているチームを見かけたことはないだろうか。

オーバーラップ

❶サイド MF がドリブルで中央へ進入する
❷❶の動きで空いたスペースに SB(サイドバック) が走りこんでいくことで分厚い攻撃になる

そんな局面で有効なオフェンステクニックが『オーバーラップ』だ。

読んで字のごとく、後方の選手が前の選手を追い越して行く動きを意味する。膠着した展開を打破するために、後方から上がっていくことで数的優位を作り出す戦術だ。

僕自身、味方のオーバーラップにはだいぶ助けられている。自分のようにあまりスピードのない選手は、周囲のサポートによって2対1や3対2を作ることでボールを持つ余裕が生まれる。ほんの一瞬だけフリーになるだけでも違う選択肢を持って相手の目線を変えられる。自分が右サイドMFに入っている時は右サイドバックの選手にどんどんオーバーラップしてほしいと思っている。

サイドでのオーバーラップは4—4—2、あるいは4—2—3—1のチームの使用頻度が高い。

代表例を挙げると、少し昔だけど94年アメリカワールドカップで優勝したブラジル代表はサイドバックがオーバーラップで駆け上がり、得点を量産していた。右にジョルジーニョ、左にはレオナルドと、かつて鹿島アントラーズで活躍した名プレーヤーを配し、連動した攻め上がりからクロスを上げていた。

このようなチームを観戦する際に視線を向けてほしいのは、サイドMFを追い越してクロスを上げる瞬間のDFの位置と体の向きだ。センターバックをはじめとする守備側の選手はボール保持者を意識しながらも、マークすべき相手を見失わないように視野に入れなければいけない。

でもこれが非常に難しい。さらにオーバーラップによってスペースへ抜け出したところからセンタリングが上がってくるため、DFはどうしても戻りながらの対応を迫られる。DFの応対を観るだけで、効果的なオーバーラップかどうかが分かる。

かつてのブラジル代表はDFの一瞬の隙を突いてロマーリオやベベットがゴールネットを揺らしていた。この2トップは小柄だったけど、センタリングがピンポイントで合えば身長や身体能力はあまり関係ない。タイミング良くオーバーラップしたサイドバックにボールが出た瞬間、ゴールへの期待が膨らむ。観ている側の高揚感が増すワンシーンと言えるだろう。

守備側は上がってきたサイドバックをケアしながら、そこでボールを奪えればカウンターのチャンスになる。ピンチから一転してチャンスを作り出すことも可能で、これが一般的に「サイドの攻防」と表現される。

先ほど例に挙げた94年のブラジル代表はオーソドックスなオーバーラップを多用するチームだったが、最近は個で打開できるサイドMFが多くなった。その場合、サイドバックに求められる資質は、オーバーラップでの攻撃参加よりもしっかりとした守備になる場合も増えてきた。そのためセンターバックタイプの選手をサイドバックに置き、守備とビルドアップに専念させるチームもある。

オーバーラップというグループ戦術がさらに進化すると『3人目の動き』と呼ばれる

複合形に発展する。簡単に言うと、ふたりでパス交換している間に3人目が動き出してボールを受けるという動作で、相手としてはオーバーラップ以上にマークしにくい。そして見事に決まると破壊力抜群のコンビネーション戦術になる。

一番シンプルな形は、ボランチとトップ下やサイドMFがパス交換している間にサイドバックが駆け上がる形。大事なのは距離感とタイミングで、客観的に観ている側も「あ、3人目が動き出している」と感じ取れるはず。アタッキングエリアで成功すると相手の最終ラインを突破でき、そのまま決定機になる。

バルセロナのようにポゼッションに優れるチームは、すべてのパスに3人目の動き出しがあり、さらにその動きをおとりに使って攻めている。守備側としては目が回ってしまうくらい連動しているので、どうしていいか分からなくなる。

ポゼッションが得意なチームであればあるほど、オーバーラップや3人目の動きが複雑に絡み合い、攻撃を構築している。

単独の選手に頼らず、チームとしてオフェンスする際には欠かせない戦術。それがボールのないところで動き出して数的優位を作り出すオーバーラップや3人目の動きだ。

これらを活用する回数が、チーム作りの指針にもなっている。

第三章　ピッチを彩る個の力
――「個」の観戦術

マラドーナ、カズさんに代表される「個の力」

第2章で話した「戦術」がサッカー観戦に深みをもたらすものだとしたら、この章で解説していく「個の力」はサッカーの原点と言っていい。

子どもの頃は、誰もが無邪気にボールを蹴っていたはず。仲間とボールを追いかけ、ともにゴールを目指す。それだけで楽しかった。

でも好きなことをやっていると、自然と向上心が増し、欲が出てくる。少なくとも僕はそうだった。

基本をマスターすると、次第に高度なテクニックにチャレンジしていった。一生懸命練習して、試合で試して、成功と失敗を繰り返す。小学生くらいまでは戦術やフォーメーションを気にした記憶がない。とにかく個人技を磨くことが楽しかったし、それでゴールを決めたり試合に勝てたりするのは最高だった。

小学生の時、初めてスポーツ店で買ったビデオがマラドーナの特集だったのをよく覚えている。マラドーナが1986年のメキシコワールドカップで大活躍した内容が編集されている映像を観て、その時からマラドーナの真似をする日々が始まった。以降、僕はひたすらドリブル練習を続けた。目の前の相手をかわすこと、抜くことに夢中になった。

マラドーナがきっかけで南米に興味を持つようになり、次に買ったビデオのタイトルが『カナリア軍団』。これはブラジル代表のニックネームで、テクニックに優れるブラジル人のキックフェイントやFKといった華麗な個人技に目を奪われた。当時はとにかく上手い選手が好きで「自分もこんなサッカー選手になりたい」と南米の選手に憧れていた。

ドリブルという圧倒的な「個の力」を持つマラドーナ

「上手い選手は南米にいる」という考えは約30年経った今も変わっていない。

　1993年にJリーグが開幕してからは、テレビ画面を食いつくように観ていた。その頃のアイドルはカズさん（三浦知良／現・横浜FC）。キレキレのドリブルで相手を抜いて、正確なシュートでゴールネットを揺らす。考えてみればカズさんもブラジルでプレーしていたし、自分は無意識のうちに南米のエッセンスを感じ取っていたのかもしれない。

日本サッカー界のレジェンド三浦知良

　カズさんの得意技といえばドリブルテクニックの『シザース』だ。両足で素早く、繰り返しボールをまたいでいく。すると、ボールはほとんど動いていないのに、対峙したDFはなぜかバランスを崩してしまう。まるで魔法をかけたかのように、カズさんがドリブルで相手を抜いていく。

「なにこれ、カッコいい」

次の日から、自分もシザースの練習に没頭した。カズさんのようになりたくて、真似をして何度も何度もボールをまたいだ。

その後、プロサッカー選手になることができて、昨年40歳になった。今でも試合中にシザースを使う。カズさんには敵わないけど、僕のシザース歴は30年近い。

ボールをまたぐと、相手は横の揺さぶりに対応するために体が止まる。一瞬だけフリーズするので、そのタイミングで自分の間合いを確保できる。相手としては分かっていても安易に飛び込めない。こうして精神的に風上に立てば、1対1の局面は有利になる。DFが奪いに来ても、左右にボールを持ち出せば比較的簡単にかわせる。

最近、シザースを使う選手はあまり見かけなくなったけど、1対1の場面でボールをまたぐ選手を見かけたら、是非とも相手との距離や目線に注目してほしい。DFは動かないのではなく動けなくなっている。ボールを奪うことよりも抜かれないことで精いっぱいになっているのだろう。

これは個の力の一例に過ぎず、選手の特徴や能力はピッチの至るところにちりばめられている。ドリブルが得意な選手、シュートが上手い選手、はたまた空中戦でのヘディングが強い選手、などなど。ピッチ上に22人いれば、22個の個性がある。

個の力を把握することで、試合の機微が見えてくる。

メッシのすごさは「体重移動」にあり

世界は広く、素晴らしい選手はたくさんいる。

その中でも、世界最高の選手がバルセロナに所属しているアルゼンチン人のメッシだ。

僕はここ数年、バルセロナの試合を全試合観ているけど、その理由のひとつは「メッシがいるから」。バルセロナの試合には世界最高の選手が出場しているのだから、観るしかない！

サッカー界で1、2を争う有名選手で、サッカーがあまり詳しくない人でもメッシの名前は耳にした経験があると思う。もしかしたらゴールシーンなども観たことがあるのではないか。単純に「メッシはすごい」と認識している人は多いだろう。

では、いったい「個の力」として何が優れているのか。

僕が考えるメッシのすごさは「体重移動」にある。

通常、全力疾走すると自然と背中が丸まり、前のめりになりがちだ。そこから横移動するのは難しい。でも、メッシは身長があまり高くないことに加えて、ステップが尋常ではないくらい細かい。それによって前傾姿勢になっていても滑らかな体重移動が可能で、スピードに乗った状態のドリブルでもバランスを崩さない。

みなさんは子どもの頃、「鬼ごっこ」で遊んだ経験がないだろうか。鬼から必死に逃げ、タッチされたらアウトというシンプルな遊びだ。

鬼に追いかけられ、懸命に逃げたものの行き止まりにぶつかってしまった。今度は鬼をかわして逃げなければいけない。でもタッチされないように逃げるのはとても難しい。正対した状態で左右にフェイントをかけて抜くのがどれだけ難しいか、想像してもらいたい。

メッシであれば、ドリブルをしながらでも鬼をかわせるだろう。それだけスピードとバランス感覚、そして体重移動に優れている。DFは体をぶつけて止めようとしても難しい。メッシに触れることすらできないのだから。

そのドリブルをさらに際立たせているのが、その他の能力の高さだ。メッシはドリブルだけでなく、シュートやパスの能力もとても優れている。

現代サッカーに必要な能力がすべて備わっているメッシ

全速力でドリブルしている状態でシュートを打とうとすれば、ボールに対して歩幅を合わせないといけないので少しスピードが落ちる。DFからすればその瞬間が狙い目で、シューターの歩幅に合わせて足を出すことでブロックできる。

でもメッシはひと味もふた味も違う。ドリブルがトップスピードの状態のまま強いシュートを打てる。シュートを打つ際の足の振り、特に膝下の振りが速いので、DFは体が追いついていてもタイミングを合わせにくい。

ドリブルとシュートのレベルの高さが常軌を逸しているので、自動的にパスも効果を発揮する。DFはメッシばかり目で追いかけることになり、他の選手のマークが甘くなってしまう。最近ではFKも上手くなっていて、さらに進化を続けている印象だ。

先ほど僕は「幼少期はマラドーナの真似をしていた」と話したけど、メッシの真似はできない。僕が2~3回ステップを踏む間に、メッシは4~5回ステップしている。これでは真似しようがない。

ひとりの選手を観ているだけでサッカーが楽しくなる。それがメッシという異次元の存在価値。プレーの波も小さいので、ほとんどの試合で高いパフォーマンスを見せてくれる。欧州の時間に合わせて夜中まで頑張って起きていれば〝ハズレ〟はほとんどないはずだ。

ストライカーのタイプが変わってきた

メッシという特別な存在を抜きにして、ピッチ上で最も強い影響力を持つのが「ストライカー」だ。

サッカーにおける最も尊い瞬間はゴール。そして、ストライカーとはゴールを生業とする選手を指す。

サッカーは他の球技と比べて特にゴール数が少ないスポーツのため、1点が持つ意味は相対的に大きくなる。その1点を決められる選手の価値が高まるのは当然のこと。いつの時代も市場価格が高いのはストライカーになる。

僕がプロの世界に飛び込んだ時、マリノスのFW陣には日本代表でも活躍した城彰二さんと元スペイン代表のフリオ・サリナスがいた。

城さんはバランスの取れたストライカーで、特に空中戦では独特の間合いを持っていた。サリナスは体も大きかったけどゴール前で構えているだけのターゲットマンではなく、万能型のゴールゲッターで、いろいろな形で点を取れる世界有数の点取り屋だった。

ふたりとも総合的に優れた選手だったので、同じピッチに立たせてもらうことで自分のプレーの幅も広がった。スルーパスやセンタリングなどラストパスの形を問わず、しっかりとしたボールを出せば高い確率でゴールを決めてくれた。

スペースへの動き出しに優れている選手といえば、ヤナギさん（柳沢敦）の名前を挙げないわけにはいかない。世代別代表で10代から一緒にプレーさせてもらい、たくさん勉強させてもらった。自分がボールを持って顔を上げた時にはすでに動き出しているので、その動き出しを無駄にしないように、先にヤナギさんの動きを察知しなければならない。パスを出す側として責任感が芽生えた。

２０００年を過ぎた頃、Ｊリーグでは2トップではなく1トップを採用するチームが増えてきた。これはすなわちストライカーのタイプが変わってきたことを意味する。

以前は、よりスピードと技術に特化したストライカーが多かったと思う。浦和レッズなどで活躍したエメルソンをはじめとしたブラジル人ストライカーがそれに当てはまる。彼らはいわゆる2トップタイプのＦＷで、Ｊリーグ初期を彩る点取り屋が多数いた。

1トップがポピュラーになってからは、身長が高くて前線でターゲットになれる選手が重宝されるようになった。Jリーグの助っ人FWはスピードに優れたブラジル人が大多数だったのが、フィジカル能力に秀でる欧州や韓国人のFWが増えた。そうすると攻撃パターンも少なからず変化する。

戦力が拮抗し、同時に守備戦術が進化していくと、相手を崩して点を取るのが難しくなる。

では、どこで違いを作るか。分かりやすいのが、ゴール前での空中戦だ。

高さと強さを前面に押し出し、人が密集することのできない空間から得点を狙う。日本人との体格差を生かす戦術でもあり、こうしてJリーグにおける外国籍選手の活用方法が変化していった。

それからFWは守備時にチームの先陣を切ってボールを追いかける役目を担うが、1トップの場合はボールを奪う必要はなく、コースを限定することが主な仕事になる。2トップなら人数を2枚割いているわけだから、1トップよりもプレッシャーをかける必要がある。

前線からの守備は攻撃以上に連動・連係が大切になる。プレスをかける方向やスタート地点はチーム全体で共有しておかなければならず、そういった観点で言うと日本人は実直に仕事をこなせる選手が多い。さらに言うと、1トップを務められるほどパワーを持っている選手は少なく、協調性がポイントになる2トップにより適性があるかもしれない。

ポストプレーは大迫から学べる

得点を狙っているはずのFWが相手ゴールに背を向け、後方からのボールを受けて味方へつなぐシーンを観たことはないだろうか。

FWは前を向いた状態でシュートを狙いたいので、最初の選択肢はターンすることになる。でもポジションの性質上、DFの厳しいマークに遭うことが多い。そこで相手を背負った状態のままボールを受ける。これが「ポストプレー」だ。

同じポストプレーでも位置によって意味合いは変わってくる。

ハーフウェイライン付近ならば、守備から攻撃に切り替わってディフェンスラインを押し上げる効果がある。ＦＷが２〜３秒ボールキープするだけで、周りの選手はひと息つける。こうして全体をコンパクトに保つことで、ボールを失ったとしても守備への切り替えがスムーズになる。

相手ゴールに近いペナルティエリア付近では、よりゴールへの期待と可能性が高まる。ＤＦが密集しているので簡単ではないが、強引にでもボールを入れることで相手の体の向きと目線が集まる。守備側の陣形が中央に集まりがちになるので、次のタイミングでサイドに展開するとチャンスにつながりやすい。

セルティック在籍時は、ウェールズ代表ＦＷのジョン・ハートソンという身長１８５センチ、体重90キロ超えの選手と一緒にプレーしていた。

彼は恵まれた体格を活かし、屈強な相手ＤＦをぐいぐい押し込みながらボールを要求してきた。そして、自分が得意とするフィジカル勝負の土俵に持ち込むために、あえて緩いボールを欲しがり、エリア内で強さを発揮していた。

このように前線でボールを受けるポストプレーヤーにもさまざまなタイプがいる。大きく分けると、相手から離れるポストプレーが得意な選手と、相手にくっついてのポストプレーの得意な選手に分かれる。

前者の代表例はヤナギさん（柳沢敦）やタカ（高原直泰／沖縄ＳＶ）。ゴールへ向かってディフェンスラインの裏に走るフェイントをしてから自陣方向に戻るなど予備動作を入れることで、ほんの一瞬だけフリーになれる。タイミングよくＤＦから離れて受けるので、相手が少し遅れてマークに行くと最終ラインに穴が開く。ヤナギさんやタカはボールを受けてからシンプルにさばき、もう一度動き出して空いたスペースを狙う。対応したセンターバックはすべての局面で少しずつ遅れを取り、後手を踏んでしまうというわけだ。

反対に、体をくっつけた状態でのポストプレーが上手いのはロシアワールドカップで活躍した大迫勇也選手だ。

当時の映像をよく観てもらいたい。彼のポストプレーは、ＤＦから離れるのではなく、あえて体を一度当てる場合が多い。「当たる」ということは相手の圧力を受けることを意味するので、バランスを崩す可能性があるし、体勢が悪ければ倒れてしまうこともある。

ベルギー代表のコンパニと対峙する大迫勇也

しかし、大迫選手はボディバランスの感覚に優れている。上半身と下半身がバラバラになるのではなく一体化している。体を当てすぎるとそのままの勢いで〝おしくらまんじゅう〟のようになってしまうけど、大迫選手は上手に相手のパワーを吸収する術《すべ》を知っている。ワールドカップではベルギー代表のコンパニとのマッチアップでもしっかりボールキープしていたように、世界の屈強なセンターバック相手にも十分通用していた。

傍から観ていると、上半身がものすごく逞しいというわけでもない。それなのに、あんなに大きなDFの動きを一瞬止めてしっかりボールを扱えるのは素晴らしい。

教えられるスキルではなく、もともと持っている才能に、欧州のリーグで日頃からフィジカルの強い相手と戦うことで自然と体が覚えたのだろう。ポストプレーの技術・精度に関しては日本人離れしていると思う。

さらにすごいのは、ボールを受けてから後ろに下げるだけではないこと。

横方向にドリブルを入れて、後方の選手が攻め上がる時間を作り、斜め前や横にパスを出す。このプレーによって日本代表の攻撃はスピードアップしていく。

ポストプレーは速攻の起点となり、攻撃をスピードアップさせる合図にもなる。スムーズに行えれば、観ている側としては「これから相手ゴールに行くぞ」という高揚感が増すワンプレーになるだろう。

「斜め45度」からの攻撃に注目せよ

ロシアワールドカップで乾貴士選手が左斜め45度からのシュートを決めた。ゴール前

斜め45度の使い方

❶ ニアサイドに打つとDFにブロックされやすい
❷ DFに当たらないコースのファーサイドへシュートを狙う

のシュートシーンはどれも観戦者をドキドキワクワクさせるものだが、この位置からのシュートは特に期待値が高い。

僕にとって斜め45度からのシュートと言えば、元イタリア代表のデル・ピエロの名前をそのままとった〝デル・ピエロゾーン〟が真っ先に思い浮かぶ。

このシュートのポイントは、利き足で自分から見て遠いコースのファーサイドを狙うこと。キックの中で最も強く、遠くへ飛ばすことのできるインステップキックではなく弧を描くようなインフロントキックでカーブをかけ、巻いて決めるイメージだ。

DFとしては、シューターとゴールを結

んだ線上ではなく、シュートを打った瞬間は枠の外のコースからカーブしてくるのでコースを消しにくい。その角度までケアしようとすると、今度は縦方向への突破に間に合わなくなってしまう。DFは自分では相手と距離を詰めてプレッシャーをかけていると思っても、その外や上から打たれるから成す術がない。

さらにこの位置は、シュートしやすいだけでなく、判断を変えてドリブル突破を試みた時も中と縦の両方の選択肢がある。プレーと方向に複数の選択肢を持ってアクションを起こせるのが斜め45度の最大の利点だろう。右サイドでプレーしている時のメッシやロッベン（バイエルン・ミュンヘン）を観ると分かりやすい。

彼らが右斜め45度の位置でボールを持った場合、主な選択肢は3つ。

・左足でシュートを狙う
・縦方向へドリブルする
・中方向にドリブルする

守備側はシュートを警戒しつつ、次にドリブルをケアする。ただ突破力にも優れる選手のドリブルをひとりで止めるのは難しく、チームメートのサポートが必要になる。ただし、ドリブラーに対して複数で対応すれば、ピッチのどこかで数的優位を作られてしまうリスクが生まれる。しかもシュートとドリブルだけでなくラストパスの能力も高いため、攻撃側の選択肢がどんどん広がる。これが斜め45度から攻める際の特徴だ。

自分の場合、斜め45度でもシュートに持ち込むスピードが足りず、相手にシュートを意識させつつ常にラストパスを狙っていた。あるいは自分が中方向にドリブルすることで、外のスペースを駆け上がってくる右サイドバックを使うようにしている。

ひと昔前のようにタッチライン際に張ってドリブルを繰り返すウイングやサイドMFは、縦への突破とセンタリングを武器にしていた。斜め45度からのシュートが登場したきっかけは、右利きを左サイドに、左利きを右サイドに配置したこと。オフェンス戦術の進化によって生まれたシュートと言える。

存在感を増してきたサイドプレーヤー

第1章でも話したように、トップ下と呼ばれる選手が減りつつある昨今、注目を集めるのはタッチライン際で存在感を発揮するサイドプレーヤーになってきた。

同じサイドの選手でも、ドリブル突破で相手の守備網を切り裂いていくアタッカータイプと、司令塔タイプがサイドで攻撃の起点を作る2パターンに大別される。

単独で打開していくタイプで注目すべきは、サイドのどのエリア・高さでアクションを起こしているか——。

相手からしてみれば、自陣ゴールから遠い位置で勝負を仕掛けられても怖さはあまり感じない。一方、ペナルティエリアの角付近で前を向いてドリブルで勝負してくる選手は脅威だ。先述したように、斜め45度に近い角度だから選択肢も複数あり、対応に困ってしまう。

パスを受ける以前の動き出しで勝負するタイプもいる。ボールのないところでトップスピードに乗られてしまうと、どんなに優れたDFでも対応しづらいものだ。必ず足下からスタートするドリブラーよりも、良いタイミングでスペースへ走り込む選手のほうが怖いという考え方もある。

ちなみに「スピード＝足の速さ」は正しい考え方ではない。

もちろん足が速いにこしたことはないし、自分ももっと足が速くなりたかった。でもサッカーの場合、足の遅さは身のこなしでカバーできる局面も多いし、ある程度は〝隠す〟ことができる。

トルシエ監督が日本代表監督だった頃、僕は左サイドのウイングバックというポジションで起用されることが多かった。２０００年のシドニーオリンピックに出場し、南アフリカ共和国の身体能力抜群の選手とマッチアップした。

当然のことながら1対1のスピード勝負では歯が立たない。だから最初に対峙した場面で相手の正面に立ち、ドリブルさせずに横パスを出させることでリズムを狂わせる手段を取った。その後はチームメートと連係し、相手のパワーを極力削ぐように戦った。

当時は、マリノスでトップ下としてプレーしていたこともあり、代表チームでも本来のポジションでプレーしたいという思いが強かった。ヒデさんやモリシさんと勝負し、競争に敗れたとしても何かを学びたいと思っていた。

そんな最中、マリノスの指揮を執っていたアルディレス監督は「11人のうちのひとりとしてピッチに立っていることが重要だ。与えられたポジションを自分色に染めればいい」とアドバイスしてくれた。

ポジションや景色は変わっても、四角いピッチの中でやるのがサッカー。自分が持っている〝ひきだし〟をどのように使うか。当時の自分はいろいろな葛藤とともに過ごしていたが、「またウイングバックでプレーしたら何ができるだろう」と最近では考えたりもする。経験を積んで年齢を重ねたことによって、広い視野で物事を捉えることができるようになったのかもしれない。

サッカーの世界に限らず、一般社会でも似たような事象が起きているのだろう。

会社や組織の中で、自分が本当にやりたい仕事をできないのは珍しいことではない。最初は戸惑いも大きいと思うが、その中で使命感を持ち、やりがいを見つけていくことで自分自身が成長できる。

イニエスタは「足首の柔らかさ」が図抜けている

2018年の夏、Jリーグに世界トップクラスの技術を持つMFがやってきた。アンドレス・イニエスタ。

バルセロナの育成組織育ちで、スペインリーグや欧州チャンピオンズリーグでの優勝に大きく貢献。スペイン代表の一員としても2010年南アフリカワールドカップや2008年と2012年のUEFA欧州選手権（EURO）で優勝メンバーに名を連ねた世界的な名手だ。

イニエスタが加入したヴィッセル神戸は「バルセロナ化」を理想に掲げているようだけど、まさかJリーグの舞台で一緒にプレーできる日が訪れるとは……。加入のニュースを聞いた時は本当に驚き、自分の目と耳を疑ってしまった。

実績が示すとおり、すべてにおいてレベルの高い選手であるのは言うまでもない。神戸のサッカーもこれから進化していくはず。その中で、あえてイニエスタの「個」としての観戦ポイントを挙げさせてもらうとすれば、足首の柔らかさに視線を注いでほしい。

軸足の足首が普通の選手よりも曲がるので、膝も常に低い位置にある。おのずと骨盤の位置も低くなるので、重心が低くなりターンなどの動作がスムーズになる。これは生まれ持った体質と才能の成せる業。さらに加速力もあり、姿勢良くヘッドアップした状態でプレーするので視野も広く、選択肢も多い。

これだけ小回りが利くドリブルをされるとDFはとても対応しづらい。ようやくドリブルに追いついたと思っても、イニエスタはすかさずストップし、ターンしてすぐに違う方向へドリブルを開始する。その動きすべてについていくのは観ている側の想像以上に難しい。

「ヨーイドン」の短距離走をやっても、イニエスタはそれほど速くないはず。でも10メートル先のコーンをドリブルで回って帰ってくるスピードは、おそらく驚くほど速い。単純な身体能力とは違うサッカーの動きが卓越していて、技術と判断を大切にするバルセロナのスタイルと合致し、光り輝いた。

イニエスタやサガン鳥栖に加入したフェルナンド・トーレスの存在はJリーグの注目度を高め、ファン層の拡大にもひと役買ってくれている。彼らのプレーを観戦するためにチケットがたくさん売れてスタジアムが満員になれば、リーグの活性化にもつながる。Jリーグ草創期のように世界的にも有名な選手たちを間近で観られる機会は、日本サッカーにとって大きなチャンスだ。

ボランチ＝チームの「幹」の太さ

チームの心臓部を担うポジション、それがボランチだ。攻守両面において中心となるため、多くの能力を求められる。

そんなボランチにおいて、特に挙げたい観戦ポイントはリーダーシップ。彼らはチームとピッチのほぼ中央にいるから、ゲームを支配できるし、コントロールできる。そのためには実際のプレーだけでなく、精神面でもリーダーになる必要がある。

自チームが得点すれば気持ちは自然と盛り上がるだろう。反対に、失点すれば誰でも気落ちするはず。でも理想的なボランチとは、それらの出来事に一喜一憂せず、常に冷静さを保てる選手だと思う。特に失点後のボランチの振る舞いを観れば、そのチームの

〝幹〟がどれだけ太いかを知ることができる。

プレーの観点では、同じボランチでもさまざまなタイプがいる。

個人的に一番嫌なのは、守備力に長ける潰し役ではなく、ボールをさばいてリズムを作れる選手。理由は、トップ下としてプレーしている自分が、常にそのボランチをケアしなければいけないから。リズムを作れるボランチと対峙すると、本当はトップ下として攻めたい気持ちが強いのに、守備に回った時の負担が大きくなり、いつの間にかメンタルの立場が逆転している。

その代表格は、ヤット（遠藤保仁）だ。

正しいタイミングと角度、距離感で正確なパスを配球し、攻撃の多くで起点となっている。少ないタッチ数で前後左右にパスを出し入れし、相手の穴を探るプレーこそヤットの真骨頂だろう。

良いボランチに限らず良いＭＦはパスを受ける前に首を振り、常に自分が置かれている状況を確認している。これは僕がサッカーノートに繰り返し書いてきたことでもあって、できるだけピッチの全体像を捉えるようにしている。特に味方の選手がどこに動き出しているかをインプットする。遠くの選手が見えていれば、近くの選手はここにいる〝はず〟という感覚でもパスを出せる。

ヤットやヒデさんはよく首を振り、いつも情報収集している。

ボールだけでなく味方と敵と両ゴールの位置、それぞれの距離感。ゲームを優位に進めるために必要な情報をたくさん把握しているのだから、それだけで優れた選手と言っていい。

ゴールキーパーは人柄と人間性が大切

2018年11月4日、SC相模原の川口能活さんが現役引退を発表した。

能活さんは、僕がマリノスに加入した時には、すでに日本代表のゴールマウスを守っていた。以降、グラウンド内外でプロサッカー選手とはなんたるかを学ばせてもらう〝師匠〟だった。

最初の印象は「プロサッカー選手を間近で感じた」ということ。体作りの基本となる食生活に始まり、コンディションの整え方、そして練習の質・量まで、サッカーに対する真摯な姿勢を学ばせてもらった。

GKはゴールに一番近いポジションで、ほんの少しのミスが失点に直結してしまう。「最も責任重大なポジション」と言ってもいいかもしれない。

そういったこともあり、GKにとって大切なのは『人柄と人間性』だと思う。選手はチームメートがどのようにサッカーや練習と向き合っているかを見ているもの。特にGKがどれだけ鍛錬を積んでいるかは、日々のトレーニングに表れやすい。それこそ血のにじむような努力によって身につけた技術が破られての失点は、誰も責めることができない。

「あの選手が決められたら仕方ない」

そう思えるかが、とても重要だ。

僕はマリノスと日本代表の練習で、能活さんが守るゴールマウスにたくさんのシュートを打ってきた。居残り練習にも付き合ってくれて、そのおかげでシュート技術を磨くことができた。でも僕が「ありがとうございました」と言わなければ、能活さんは自分

最後尾からチームに檄を飛ばし続けた川口能活

から練習を切り上げたことは一度もない。後輩の僕が納得するまで練習に付き合い、GK目線でのアドバイスをもらったこともある。こうしてフィールドプレーヤーとの信頼関係が築かれていくのだろう。

実際、他選手のプレーを観ると、GKにはさまざまなタイプがいる。プレースタイルもさることながら、振る舞いの部分に違いが表れる。

能活さんは、どちらかというとチームメートを叱咤激励して士気を上げるタイプだと思う。絶えず大きな声を出すことで熱い雰囲気を醸し出し、チームに勢いや勇気を与えてくれる。若い頃から先輩DFに対しても「そこはシュートを打たせるな！」と強い口調で伝えて、時には激しく言い合う場面もあった。それが能活さんならではの存在感になっていた。

同じように日本代表を長く支えたナラさん（楢﨑正剛）は、比較的穏やかなタイプかもしれない。浦和レッズの西川くん（周作）はニコニコした表情でチームに安心感を与えている印象がある。このように同じＧＫでも個性があり、チームにもたらす影響も少しずつ違う。

技術的にはボールを弾くパンチングではなく、相手の攻撃を終わらせるキャッチングが大きなポイントになる。ＣＫやこぼれ球は相手にセカンドチャンスを与えてしまうので、キャッチングに長けるＧＫがいればＤＦの応対も変わってくる。

そして、守備の合間にＧＫがフィールドプレーヤーとどのような距離感でコミュニケーションを取っているかに注目すると、チーム内での立ち位置が見えてくるはずだ。

玄人好みの妙技を見せる内田篤人

ＦＷがボールをもらう前からシュートを考えているように、ＤＦにも理想とするプレーの優先順位がある。

最初に狙うのは、マークしている相手がパスを受ける以前にボールを奪う「インターセプト」。成功すれば、そのまま相手を置き去りにして前へ出て行けるので、攻守が入れ替わった勢いで攻撃に移れる。

僕がボランチでプレーする時は、わざとパスコースを空けてインターセプトを狙っていた。でもひとりの力だけで成功させるのは難しい。パスの出し手に対峙する味方との共同作業が必要で、プレッシャーがかかった相手がヘッドダウンして視線を落としている時はインターセプトのチャンス。横パスを奪えれば、出し手と受け手のふたりを同時に置き去りにできる。それがサイドから中央へのパスだと、さらに大きなチャンスになりやすい。

ドイツのブンデスリーガで長くプレーし、２０１８年から鹿島アントラーズに復帰したウッチー（内田篤人）はインターセプトが上手なプレーヤーのひとり。しかし、足の速さや体の強さといったフィジカルが特別に優れているわけではない。

彼は自分を客観的に見ることができて、相手の特徴や力関係を把握し、実際のプレーに落とし込める。自分のパフォーマンスの最高値と最低限を理解していて、その中でどのプレーを選択すべきかを瞬時に判断できている。これを90分間続けられる選手はあまりいない。

具体的に話すと、インターセプトが難しい場面は決して無理をしない。深追いしてボールを奪おうとすると、相手と入れ替わってしまい、ピンチを招いてしまうからだ。

インターセプトが難しいと察知すると、相手に良い状態でボールを持たれないディフェンスに切り替える。適度に間合いを詰めることで前を向かせず、守備陣にとって危険なドリブルをさせないようにする。それができなかった時、今度は絶対に抜かれない距離を保ちつつ、センタリングを上げさせないポジションを取る。

守備の優先順位を即座に判断し、正確に実行できるのはウッチーのサッカーセンスの高さの表れ。そして海外リーグで経験を積むことでプレー精度はさらに上がっていく。

サイドバックの豪快なオーバーラップや正確なセンタリングは観ている側に分かりやすくインパクトを与えるが、一方でウッチーのインターセプトは玄人好みの妙技と言えるだろう。

中澤佑二と闘莉王はイタリア人顔負けのDF

優れたDFとは大前提として得点させず、さらに相手に何もさせない守りをできる選手を指す。そのための武器・方法論は何でもいい。加えてひとりでカバーできる守備範囲の広い選手はとても能力が高いということになる。

僕はイタリアのセリエAで3年間プレーした。

そこで感じたのはイタリア人のディフェンス全般へのこだわりの強さだ。ボールをつなぐプレーなど技術面は決して上手ではなかったが、守備への意識の高さはすさまじく、まさしく文化になっていた。

最初に驚いた選手はACミラン一筋でプレーしていたマルディーニだった。

中澤佑二と田中マルクス闘莉王のコンビはチームに安定感をもたらした

わざと相手を泳がせるようにドリブルコースを誘導し、そのスペースへ先回りしてスライディングタックルを仕掛ける。それが右足でも左足でも正確に実行でき、ボールを奪った後もボディバランスが良いのですぐに立ち上がれる。マルディーニ以外ではネスタやカンナバーロといった歴代のイタリア代表で守備の要となっていた選手たちも、総じてスライディングが上手かった。

日本人ではボンバー（中澤佑二）のスライディングがイタリア人に似ている。若かりし日のボンバーはニックネーム通りの豪快なヘディングを武器に頭角を現したが、年月を重ねるごとにディフェンステクニックが磨かれていった。同じヘディングでも、駆け引きや体の使い方で上回る術を覚えていった。

相手に乗っかるようなヘディングが上手いので、マッチアップしたFWの身長が高ければ高いほどヘディングの打点が高くなっていく。もちろんファウルにはならず、空間認知能力にも長けている。

これは実際に練習や試合で対戦してみないと分からないことになってしまうけど、ボンバーはフィジカルコンタクトをすると、硬くて痛い。いつも肘を当てられているような感覚になる。だから接触しそうな時はパスを出すことばかり意識してしまい、結果的に主導権を握られてしまう。

そのボンバーとともに2010年南アフリカワールドカップでベスト16進出に貢献したのが〝トゥー〟こと田中マルクス闘莉王（京都サンガFC）だ。トゥーはヘディングでクリアをする体勢から、首を引いてコントロールし、味方へのパスに切り替えられる。もしくは胸トラップに切り替えて、攻撃の第一歩になる。

そして、ふたりに共通しているのは常に声を発して味方の緊張感と集中力を保たせていること。攻撃の選手と違い、守備の選手はひとつのミスが失点につながってしまう。どんな優秀なＤＦもたったひとりではゴールを守れない。彼らはコーチングの声を絶やさないことでリーダーシップをとり、味方と協力しながらゴールを守っている。

華やかなゴールシーンが注目を集めるのは当然のこと。でも、その裏ではゴールを守るために必死に戦っている選手もいる。ボンバーやトゥーのプレーからは、イタリア人顔負けのＤＦとしての矜持が感じられるはずだ。

第四章　セットプレーはパッケージで楽しむ
――「セットプレー」の観戦術

セットプレーは中が7割、キッカーが3割

「現代サッカーにおける全得点の約3割はセットプレーから生まれる」

サッカーにはこんな定説がある。

たしかにそのとおりで、セットプレーからの得点を守りきって勝利するチームや、終了間際のセットプレーで起死回生の同点ゴールが生まれる、といったケースを数多く目にするだろう。

では、なぜ得点が決まりやすいのか。

セットプレーはボールが止まった状態から始まる。ボールがゴールラインやタッチラインを割った際やファウルなどで試合が一時止まり、基本的に主審のホイッスルが合図となってプレーが再開される。

プレーしている選手は、この時、どうしても集中が切れてしまう。「ホッと息をついてしまう」という表現が正しいかもしれない。ボールに対しての目線を切ってしまう（注意力が散漫になる）のは典型例だろう。試合再開直後に、ピッチ内では特に全体を

見渡せる後方の選手から「（ボールが）入ったぞ！」という注意喚起の声がよく飛んでいる。

得点が多く生まれるもうひとつの理由として、ゴール前でのセットプレーは空中戦になるケースがとても多いことが挙げられる。

4バックと3バックのセンタリング対応の違いでも話したように（70〜73ページ参照）、空中戦のボールは選手間の責任の所在を明らかにしづらく、物理的な間合いも測りにくい。両チームの選手が密集する混戦地帯にボールがこぼれてしまえば、どのタイミングでシュートが飛んでくるか予測するのは難しい。

先述したように、セットプレーからの1点が試合を決めてしまうことは往々にしてある。もし得点にならなかったとしても、それまでの試合の流れや雰囲気をガラッと変えてしまう魔力を秘めている。

自分のサッカー人生を思い返しても、セットプレーをきっかけに結果が真逆になった回数は数えきれない。その中には、自分がセットプレーを担当することで状況を大きく変えられた経験も数多くある。

少し乱暴な言い方をすると、セットプレーから得点が入る時は入るし、入らない時は入らない。たった1回のセットプレーでゴールネットが揺れる時があれば、10回以上あっても決まらない場合だってある。

ただ、何かが起きる可能性が非常に高いプレーなのは間違いない。

世の中的には「セットプレーはキッカーが7割」と言われているけど、僕の中では「中で合わせる選手が7割、キッカーは3割」だと思っている。これはゴール前の味方次第という投げやりな意味ではなく、3割の責任の中で自分がパーフェクトなボールを蹴ることができれば、自ずとゴールできる確率が高まるという考えだ。

キッカーとしての責任は、とてつもなく重い。だから僕は1回ずつのセットプレーすべてに全身全霊をかけている。

キッカーがルーティンを大切にする理由

FK（フリーキック）やCK（コーナーキック）を獲得したチームのキッカーがボー

ルをセットし、何歩か離れたところから助走を開始する。その姿から何かただならぬ〝雰囲気〟を感じたことはないだろうか。

すごく抽象的な表現になるが、良いキッカーは必ずと言っていいほどオーラを発しているものだ。僕もキッカーなので、観ればすぐに分かる。「自分がキッカーだ」という自信とやりがいに満ち溢れている選手は違う。表情ひとつを取っても、その選手の能力をうかがい知ることができる。

そういったキッカーの多くは、ボールをインパクトするまで一連の動作がルーティン化されていることが多い。

僕のルーティンを紹介しよう。

ＦＫの場合、相手選手が遠ざかるまでボールを置かない。ボールを脇に抱えて持ち、ゴールまでの距離や味方と相手の位置関係をインプットする。その後、『ａｄｉｄａｓ』のロゴマークを見つけて、ボールを飛ばしたい方向に向けて静かに置く。

キックの際は軸足の踏み込みが大切なので、滑らないように芝を少し踏んで固める。特に自分は軸足の角度が斜めになるので、グラウンドコンディションが悪いと思い切ったインパクトができなくなる。助走を取ってからは、決めたい場所を一点集中し、自信を持って蹴る。

主審がホイッスルを吹いてからすぐに蹴らないのもポイントだ。

少しだけ間を空けることによって緊張感が増し、自分の〝ゾーン〟に入りやすくなる。周囲の何かに急かされて蹴っている場合は、納得できるキックにならないことが多い。意識が入り込んでいる時は余計な情報は何も入ってこない。音も聞こえない。直接FKを狙えるシチュエーションで壁の枚数が気になるのは集中できていない時だ。

オーラや雰囲気は、実績を積み重ねることによって生まれるのかもしれない。あくまでも観ている側が感じ取るものなので、過去にどのような活躍をしていたかによって見え方は大きく変わる。もっと言えば選手の「名前」による〝威圧〟も重要な要素になる。

これは一朝一夕で得られるものではなく、ある程度の年月を経て出来上がっていく印象だと思う。その間もキッカーは練習を繰り返し、試合で成功体験を重ね、ようやく周囲・世間からキッカーとして認められる。

セットプレーを獲得し、決まったリズムでボールをセットする。その際に観客席がザワザフし始めれば、それは良いキッカーの証だ。不特定多数の人間がキッカーとして認識している選手は、それまでも、そしてこれからも、良質なボールを蹴り続けるだろう。

セットプレーはパッケージで楽しむ

多くの場合、セットプレーのチャンスは1試合に1回だけではなく何回かあるもの。キッカーとしては毎回、「この1本で決める」と気持ちを込めているが、相手もいる競技なのでなかなか決まらない。

そんな時、僕は試合中にある複数回のセットプレーをトータルで考え、球種やコースを選んでいく。

例えば、1回目のCKはあえて相手の目線を変えるような球種を選び、2回目以降の布石にすることもある。直接FKでも、GKやDFとの駆け引きを念頭に置き、さまざまなボールを蹴り分ける。

野球でいうところの配球のようなイメージと言えば伝わりやすいだろうか。野球なら打者に対し、投手と捕手が共同作業で行うところを、サッカーの場合はキッカーが一人二役で演じる。

だからこそ、キッカーが蹴ったボールに対してDFやGKがどのようにリアクションするかに注目すると面白い。そうすれば前回のセットプレーや次回のセットプレーを含めて楽しめる。単体で考えるのではなくパッケージで観ると、より楽しみが増していく。チームによっては、試合の最初のセットプレーで相手を驚かせる仕掛けを講じてくる場合もある。キックオフ前から約束事として決まっていて、トレーニングしているケースもあるだろう。

なぜ1本目なのかというと、相手が最も集中し、警戒しているシチュエーションだから。そこで守備側の目線を外すようなアクションを起こすことで、2回目以降のセットプレーが威力（効力）を増す――そのための伏線にもなる。

直接FKを狙えるような位置から、そのままゴールを狙うのか、あえて味方に合わせるようなボールを蹴るのか。CKも近いゴールポスト付近のニアサイドと遠いゴールポスト付近のファーサイドという基本的な選択肢以外に、ゴール前に蹴らずに近くにいる味方にパスをつないではじめるショートコーナーなどが候補に入ってくる。

最終的な決断はキッカーに任せられる。ただ、攻める側としても選択肢がたくさんあることで味方の選手にも責任感が生まれ、攻撃している時でも緊張感を保つことができる。

ＦＫもＣＫもゴール前でのスリリングな攻防が多く発生するだけに、集中力の欠如が大きく影を落とす。

セットプレーは一瞬たりとも目が離せない。それを分かっていてもたくさんのゴールが生まれるのだから、セットプレーはやはり怖いし、面白い。

ＧＫの立ち位置がＦＫの成否を決める

直接ＦＫからゴールネットが揺れるシーンは、とても美しい。豪快な弾道でも、テクニカルな曲線を描くシュートでも、観ている側の心を強く揺さぶる。

決まった瞬間はなんとも言い表せない感覚になる。まるで時間が止まったかのような錯覚に陥り、一瞬の静寂の後にスタジアム内の空気が一気に沸騰する。自分自身、何度もその興奮を味わい、歓喜に酔いしれてきた。

ゴールから近い位置で直接FKの機会が訪れた場合、観ている側の視線は自然とキッカーに向くと思う。実績ある選手であればあるほど注目され、その期待とプレッシャーもキッカーの醍醐味だ。キッカーに注目が集まるのは光栄だけど、僕はあえてGKに注目する観戦方法をおススメする。

最初は慣れないので難しいかもしれないが、続けているうちにゴールマウスに立っているGKの立ち位置に違和感を覚えることがあるはず。不自然にニアサイド寄りだったり、反対にファーサイドに寄っていたり。これはGKがキッカーに対して仕掛ける一種の駆け引きと想定できる。

攻撃側は、壁の中に選手を立たせてGKの視線を遮ろうと試みることが多い。

壁の中のポジション争いは〝戦場〟と呼ぶにふさわしい。両チームの選手が狭い空間で激しく体をぶつけ合い、互いのポジションを主張する。ファウルの判定で審判が笛を吹くこともしばしば。だが、そうやってGKとボールを結んだ線上に立てれば、GKを困らせて反応を遅らせることができる。たとえシュートコースが少し甘くてもゴールの確率は格段に高まる。

ゴール前での様々な攻防を経て、キッカーが蹴る瞬間にGKはどのように動くか。最初に立っている位置からのコースは相手キッカーも消してくるので、そのポジションをわざとフェイクに使い、1歩か2歩だけ動いて視野を確保するGKもいる。瞬間的な動作なのでGKに注目していないと分からないと思うが、直接FKが決まる・止められるの過程にはとても細かなプロセスがある。

僕自身は、自分が完璧なボールを蹴れば相手は関係ないと思っている。GKや壁の動きに動揺することなく、ボールへのインパクトが最も大切だ。狙い通りのキックができれば、必ず決められる。

プロになってからも、プロになる前も、多くの直接FKを決めてきた。そのために費やしてきた練習時間やキックの本数が自信となり、糧になっている。

ＦＫ時にベッカムが漂わせる特別な〝雰囲気〟

マンチェスター・ユナイテッドやレアル・マドリードなどで活躍した元イングランド代表のデビッド・ベッカムをご存じだろうか。日本では２００２年のワールドカップでベッカムフィーバーが巻き起こった。プレーもさることながら甘いマスクで大人気となり、サッカー界のみならず日本中に名前を轟かせた。当時、ベッカムの真似をして髪型をソフトモヒカンにする男性が急増したのはとても懐かしい。

ベッカムといえば、精度の高いキックで数々のゴールを演出してきた稀代のキッカーだ。同じキッカーとして僕が感じるのは、とにかく特別な雰囲気を持っていること。助走からキックのインパクトまでが比較的ゆっくりで、フォームと弾道がとても美しい。

ピンポイントで合わせる技術もあるけども、あの虹色の曲線のどこかに味方が飛び込めば得点が生まれる。そんな期待を抱かせる選手はそう多くない。

キッカーの心理からすると、ＦＫは狙いを定めつつもある程度の空間を狙って蹴っている場合が多いかもしれない。守備の陣形を確認し、狙いとするエリアを決める。そこに正確なボールを送り、飛び込んでくる味方の選手に良い意味で責任を持たせる。「入ってこい」というメッセージ付きのボールを蹴る。

GKがキャッチしにくく、DFが対応しづらいボールを蹴るというのも有効な手段だろう。

具体的には、GKがゴールを離れて処理できないボールが重要なポイントになる。GKが出られそうで出られず、さらにGKとDFが譲り合うようなボールはもっと良い。

守備の選手が一瞬でも躊躇するようならば、攻撃側にとっては大チャンスとな

ベッカムの右足から放たれるフリーキックは常に相手の脅威となっていた

る。ダイレクトシュートが決まらなくても先にボールに触れて、ゴール前でどちらのボールでもないスクランブル状態に持ち込めれば、こぼれ球から二次攻撃のチャンスが生まれる。ここでもボールばかり観るのではなく、ゴール前に入っていく選手の動きに焦点を合わせるのが良いだろう。

次に、守っている側のチームがどのように対応しているか。ＦＫ地点からの角度によっては、蹴る瞬間にディフェンスラインを上げてオフサイドトラップを仕掛けるチームもある。試合の最初のセットプレーでけん制すればオフェンス側のリズムを狂わせることができるかもしれない。

最終的に、ボールの質が重要になるのは言うまでもない。ただ、選手たちの表情やチーム全体から発せられる雰囲気が、チームとしてどれだけセットプレーを重要視しているかのおおまかな目安になる。

マンツーマンorゾーンは世界共通

ＣＫは、オフェンスではなくディフェンスの観点から話をすると分かりやすく観戦術として役立つと思う。

守備戦術の組み立ては、大きく分けてふたつの方法がある。これは小中学校のサッカー部からバルセロナやレアル・マドリードといった世界のトップレベルまで、技術や精度の違いこそあれ、ほとんど変わらない思考で世界共通だ。

ひとつは攻撃側の選手ひとりに対して守備側の選手ひとりがそれぞれマークしていく「マンツーマンディフェンス」。もうひとつがゴール前のエリアをゾーンで区切り、そこに人間を配置していく「ゾーンディフェンス」だ。

前者のマンツーマンを攻略するには、キッカーが蹴ったボールに対して複数の選手を飛び込ませるのが効果的。必然的に相手も複数の選手がボールに反応することになるが、1対1の勝負よりも2対2や3対3のほうがシュートに持ち込める可能性は高まる。

単純な1対1は2分の1の確率だけど、3対3なら6分の3になる。すべて50％の確率に変わりはないが、分子が増えるということはターゲットが増え、分母が増えれば紛れが生じやすくなるというわけだ。

反対に後者のゾーンに対しては、味方に合わせるというよりも相手の守備陣形を考えてコースと球種を蹴り分ける。ゴール前に1列、もしくは2列に並ぶ陣形が多いので、自分はそれを目安に蹴っていることも多い。守備戦術を逆手に取った手法で、相手が強化しきれないエリアにヘディングの強い選手を飛び込ませることでチャンスは広がっていく。

さらに専門的な話をすると、ヘディングが強い選手と言ってもタイプはさまざま。大別すると、垂直に飛ぶスタンディングヘッドが得意な選手と、空間に走り込んで合わせることに優れた選手に分けることができる。

マリノスに所属していた時は、シンプルに身体能力の高い（栗原）勇蔵はスタンディングで強さを発揮し、ボンバー（中澤佑二）は空間に飛び込むことで良さを引き出せるタイプだった。観戦していて見分けるのは難しいかもしれないが、セットプレーの成否は細かなところで分かれるものだ。

CKのマンツーマンディフェンス

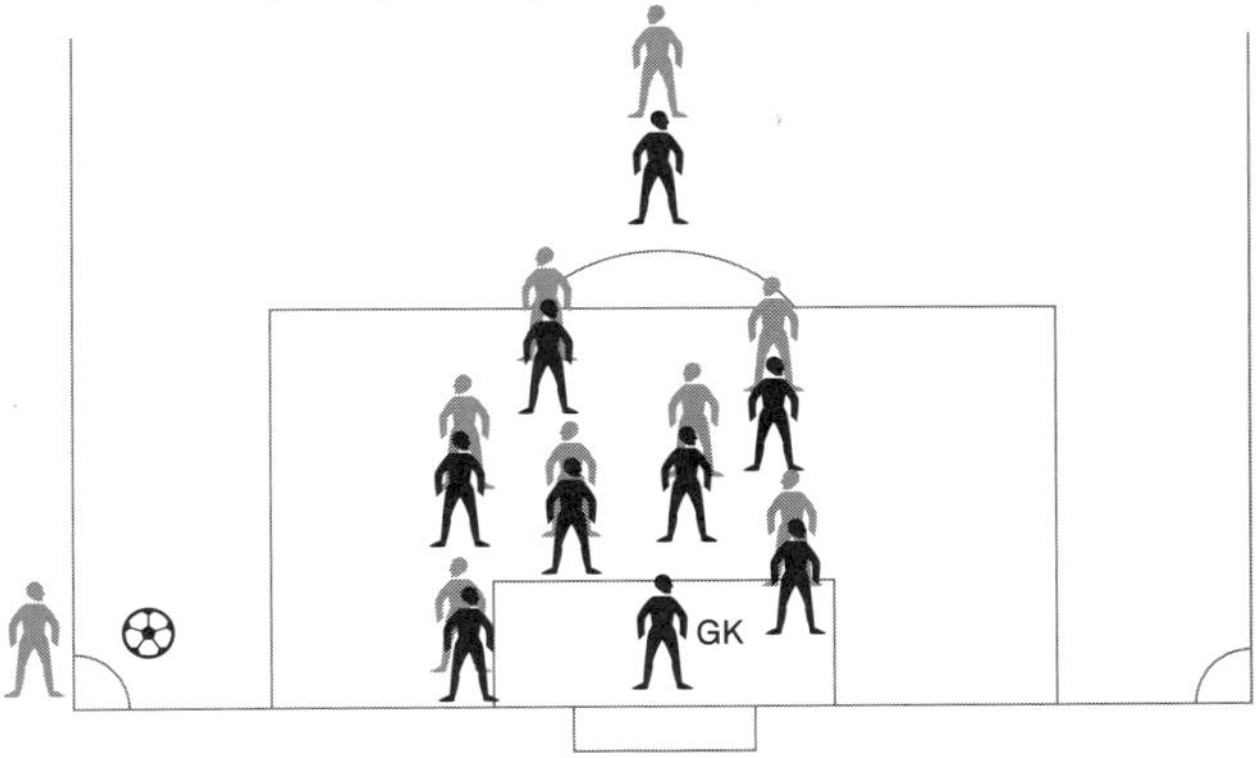

メリット

1 対 1 で対応するので、マークのズレが起こらず責任の所在が明確になる

デメリット

相手と常に接触しているので、不用意な反則で PK を取られる可能性がある

CKのゾーンディフェンス

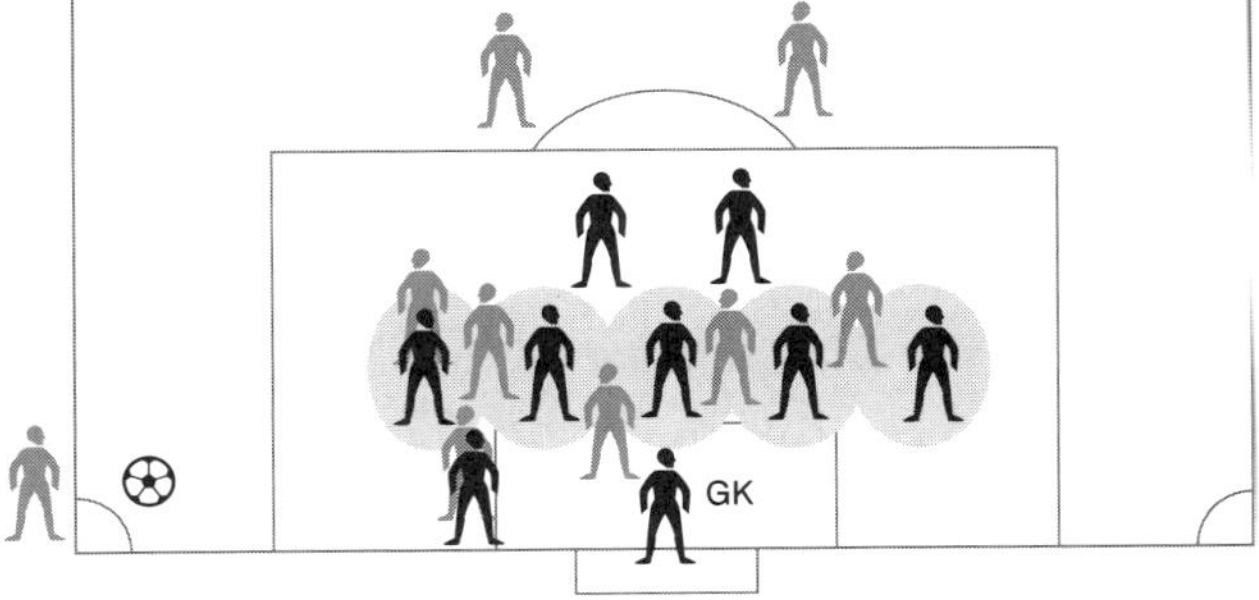

メリット

距離感よく人を配置することで、スペースを空けずにディフェンスできる

デメリット

各々が受け持つゾーンの間にボールが来ると、誰が対処するのか曖昧になる

セットプレー時に合わせる側の選手の細かな性質まで見極めて観戦できているとすれば、それはかなりの玄人ファンと言っていい。

CKはチャンスとピンチが天秤にかかっている

CKはチャンスであり、ピンチでもある。その象徴的なシーンがロシアワールドカップの日本対ベルギーの一戦であった。

日本代表が惜しくもベスト16で敗退となったこのゲームの決勝点は、日本の左CKをベルギーのGKがキャッチしたプレーが起点となった。試合終了間際の劇的ゴールだっただけに記憶に新しいところだろう。

攻撃側は得点チャンスなのでゴール前に選手の枚数を割いている。多い時は6〜7人がペナルティエリア内とその付近にいるはず。自陣に残っているのはGKの他にDFがひとりだけというシチュエーションも珍しくない。

守備側は、前項で話したようにマンツーマンでもゾーンでも攻撃側と同じくらいの人

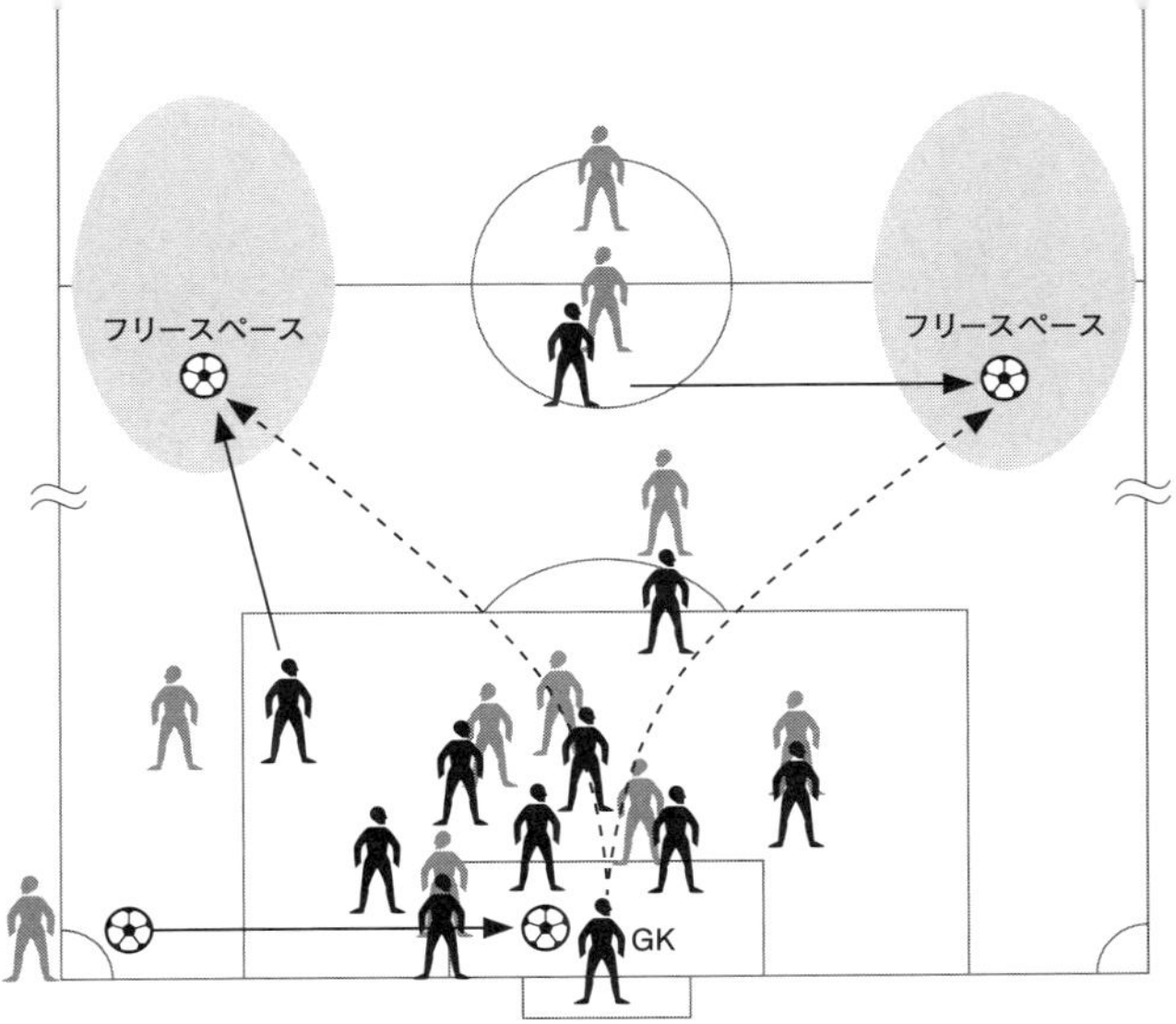

カウンター CKはチャンスだが、相手GKにキャッチされると一転してピンチに陥る可能性も

数で守るので、相手にリードを許しているビハインドの状況でもないかぎりは攻撃に備えて選手を配置できない。ただし自陣ゴール前に両チームの選手が密集しているのだから、その他のエリアにスペースが広がっているという意味でもある。

その状態でCKをGKにキャッチされてしまうと、一転してカウンターの起点を作られてしまう。特にキックやスローイングなどフィードの判断が的確なGKの場合、一瞬にして形勢が逆転してしまう。オフェンスにエネルギーを注いでいた選手が急に反転して自陣ゴール前まで戻るのはとても大変なこと。攻撃→守備の切り替えよりも、守備→攻撃の切り替えのほうがメンタル的にも前向きに移行できる。広大なスペースがあるから、カウンターはより威力を増す。

「それならGKから遠い場所にCKを蹴ればいいじゃないか」

そう思う人もいるはず。たしかにそのとおりで、GKを〝外す〟ボールは重要なポイントになる。理想は合わせるFKと同じで、GKが出られそうで出られないボール。ただしGKから遠すぎるとゴールからも離れてしまい、セットプレーそのものの威力が半減してしまう。その微妙なさじ加減がCKの難しさであり、楽しさでもある。

GKにパンチングで防がれるプレーは、攻撃側としては次点と言えばいいだろうか。混戦でのパンチングは遠くに弾けない場合が多く、それならば二次攻撃のチャンスもあり、被カウンターのリスクも低い。クリアできずにゴールラインに逃げ、再びCKになるケースは相手が完璧に対応できなかったという意味でもある。

守備側の陣形をずらして穴を作るという狙いにおいて、味方にショートパスを出してから始めるショートコーナーも有効な手段だ。

間隙を突いてショートコーナーを行うことで心理的な揺さぶりをかけることができる

し、物理的にも距離と角度、そして目線が変わる。また、マンツーマンの役割分担が確認しきれていないうちにスタートできれば、ゴール前はたちまち混乱のるつぼと化す。

特に注目してもらいたいエリアは、ニアサイドだ。

GKも構えているエリアなのでキャッチされてしまうと何事もないプレーとして印象に残らず、前述したようにカウンターを食らうリスクもある。でもニアポスト付近で守備をする〝ストーン〟と呼ばれる選手の前でボールに触れることでチャンスは広がる。

この場合、高さはあまり関係なく、走り込んでくるスピードとコースが重要。直接ゴールを狙うこともできるし、後方に逸らすことでスクランブル状態が加速する。

チャンスとピンチは紙一重の関係にある。ふたつが天秤にかかっているからこそ、CKはゴール前の攻防がアツい。

中村俊輔流のPKへの向き合い方

サッカーにおける得点の最大のチャンスは何か。

僕だけでなく、多くの人が迷わずPK（ペナルティキック）と答えるはずだ。ペナルティエリア内でのファウルやハンドといった反則行為が原因で相手チームに与えられるチャンスで、キッカーとGKが1対1の状態で対面する。その距離わずかに12ヤード(約10.97メートル)。8割以上の確率でゴールネットが揺れるビッグチャンスだ。シュートの際の助走の取り方や狙うコース、あるいはボールの質はさまざま。ヤットのようにゆっくりとした助走でキックする瞬間までGKから目を離さず、足首の角度だけでコースを決める通称〝コロコロPK〟などは特徴的な例だろう。技術だけでなく精神的な強さがなければできない。

僕は時代の移り変わりとともにさまざまな方法でPKを蹴ってきた。最終的に落ち着いたのが今の助走とキックフォームで、自分の中では最も確率が高い方法を選んでいるつもり。それでも成功率100％にならないのがPKの難しいところだ。

キッカーはできるだけ自分の蹴り方で優位に立ちたいと考えるもの。だから自然と自分ありきのスタートになり、助走やステップに癖をつける。究極はGKに読まれても決まるシュートだけど、相手のレベルが高くなればなるほど難易度も上がる。だからタイミングを外し、読まれないようなシュートに思考が傾く。僕は少なくともそう考えてPKと向き合っている。

では蹴る際の目線はどこを向いているか。

これは観戦していてもさすがに分からないと思うが、僕はGKの膝に目線を置いている。膝の角度によって重心が判断できるので、おのずと飛ぶ方向も分かる。蹴る瞬間まで判断できないことが多いので簡単ではないが、余裕がある時は冷静に見極めて狙うコースを変えられる。

ちなみに僕の場合、PKは日頃の練習でも遊びのように蹴っている。居残り練習などの場合が多いのでリラックスして蹴っているが、試合では最大限まで集中力を高めて蹴っているので練習での成功率はあまり参考にならない。

それでも選手それぞれ得意なコースやパターンがあるはずなので、余裕がある方は練習場に足を運ぶことで試合観戦のヒントを得られるかもしれない。

スローインは休憩タイムにあらず

フィールドプレーヤーが唯一、手でボールを扱っていい場面がある。ボールがタッチラインを割った際にプレーを再開させる「スローイン」だ。

FKやCKよりも登場回数の多いセットプレーで、手からスタートするので直接ゴールにはならない。そのため注目されにくいという性質がある。

しかし実際にプレーしていると、スローインの判定が試合の流れを大きく変える場面にしばしば出くわす。「相手にボールが当たってタッチラインを割り、自分たちのボールだと思い込んでいたが、判定は相手ボールだった」というのはよくあること。これは物理的な問題よりも精神的なダメージが大きい。それまで良かった流れが一度断ち切られてしまうから、リズムや空気が大きく変わる。

スタンド観戦していると、ボールがタッチラインを出るとホッとひと息つきたくなってしまうもの。映像の場合、スローインのタイミングでリプレイを流すことが多く、カメラアングルが変わるタイミングでもある。そういった事象こそ、スローインがスポットライトを浴びていない証拠とも言えるだろう。

これは観戦者に限った話ではなく、ピッチに立っているプレーヤーにも当てはまる。ボールから目を離してしまい、次の瞬間にピンチになっていたりする。

手を使えるので基本的に精度は高い。一方で、足ほどの力はないので飛距離は出にくい。相手陣内深くまで攻め込んだ際にロングスローを活用するチームもあるが、ゴール前までボールを放り込める選手は極めて稀。近くの選手にボールを渡してゲームを再開させるのが一般的だ。

直接何かが起きるわけではないが、次に起きる大きな出来事の伏線になる可能性を秘めている。

例えば、スローインの地点から最も遠い位置にいる選手が、次に何が起きるかを予測してポジションを取れているかを確認しておくと、チームとしての規律や完成度が垣間見えてくる。

最も集中が途切れやすいセットプレーゆえに、目立たない動作がゲームの行方を大きく左右する。

第五章　観戦方法についての考察

――「スタジアム」&「映像」での観戦術

サッカーを観る方法は大きく分けてふたつ

僕は現役のプレーヤーなので、スタジアムでサッカー観戦する機会はほとんどない。基本的にはピッチの上に立って観られる側の立場で、怪我など不本意な理由の時のみスタンドからピッチを見つめている。

だから観戦の多くはTVやインターネットを駆使した映像になる。ジュビロ磐田に移籍してからは単身赴任のためひとりで過ごす時間が長く、自宅にいる時は何かしらの映像をつけていることが多い。移動中は新幹線やバスの車内でも常に映像を流して、自分のプレーイメージを膨らませている。

幼少期を思い出すと、サッカーを観るツールは『三菱ダイヤモンド・サッカー』（テレビ東京系列）が最初だったはず。Jリーグが産声を上げる以前の時代で、子どもながらに30分番組を毎週楽しみにしていた。

その後、カズさんが1994年にセリエAのジェノアへ移籍し、欧州トップリーグへの道を切り拓いてくれたおかげで『セリエAダイジェスト』（フジテレビ系列）という番組が始まった。

当時、世界最強リーグと謳われたセリエAのハイライト番組の影響で欧州サッカーへの憧れを抱いた。僕は高校生になっていて、すでにJリーグも開幕していたので、プロの世界を少しずつ身近に感じられるようになっていた。

時代はアナログからデジタルへの切り替えと発達が進んだタイミングで、BSやCSで欧州サッカーを比較的簡単に観られるようになった。そして今ではインターネット環境さえあればオンデマンドで追っかけ再生もできるし、動画サイトで過去の名場面も視聴できる。便利ですごい世の中になったものだ。

情報を得る手段が多様化したことで、サッカーファンにとって欧州サッカーはとても身近なものになった。それはとても素晴らしいことだけど、現役Jリーガーとしてはスタジアムに足を運んで生のプレーを観てもらいたいという気持ちも強い。

欧州リーグとJリーグの違いを感じるのも楽しみ方のひとつだと思うし、何よりも雰囲気や温度はその場にいなければ伝わらない。

スタジアムでの生観戦と映像での視聴観戦には、それぞれに良さや特徴がある。

この章では「観戦」というキーワードをさらに掘り下げ、サッカーをより深く楽しむためのアイディアを提供していきたい。

結果を知っていても楽しく観るには?

試合結果が分かっていても楽しむ方法を知っているだろうか。

サッカーに限らずどのスポーツにも当てはまることだが、結果を知っていると視聴していても張り合いがなくなる。

特に得点経過を把握している場合、ゴールが決まるかどうかのドキドキハラハラは大幅に減少してしまう。感情移入できない時のスポーツ観戦はどうしても集中しづらいし、自然と手に汗握る状況にはなりにくい。

でも僕の場合、サッカーに関して言えばゴールシーンだけに注目しているわけではないので、結果を知っていてもさほど気にならない。それよりも試合の流れや、どのような思考で選手や監督がサッカーをしているかが気になる。「はじめに」でも触れたように、特に前後半のそれぞれ15分〜30分に観戦のヒントが詰まっている。
具体的には、以下に挙げる項目をポイントにして観るようにしている。

・前線の選手はどの位置からプレスに行くのか
・ディフェンスラインをどのあたりに設定しているのか
・攻守の中心となるダブルボランチそれぞれの役割
・サイドバックが攻め上がるタイミング
・どのような駆け引きと動きでマークがズレているのか

ゴールシーンについてはハイライトでも確認できるし、そこで相手ゴール近くのアタッキングエリアでのプレーも確認できる。それよりも、自陣から相手陣内の半分くらいまでどのようにして侵入しているかをポイントにしたらいいと思う。この段階で相手とのギャップを作り出すことによって、ゴール前に到達した時に有利な状況を作り出せるからだ。

あるいは、気になっている特定の選手に的を絞って観るのも面白い。最近は「この若い選手はこれから伸びるだろうな」と少し羨ましい気持ちになることがあるし、自分と年齢の近い選手には「たくさん走って、すごく頑張っているな」と刺激を与えてもらっている。

できるだけ「自分のためになることはないか」という目線でサッカーを観ているけども、最近はいつの間にか指導者目線になっている自分がいる。いつか現役を退いたら指導者になるという未来予想図を描いているので、自然とそういった観点になってしまうのかもしれない。

試合前におおまかな視点を定めておくことで、キックオフ後は注目ポイントがさらに細分化され、枝分かれしていく。

プレースタイルが十人十色なら、観戦の楽しみ方も十人十色。自分の目的と性格に合った観戦方法を見つけられたら、サッカーはより楽しくなる。

リプレイの活用方法

ハイライトやダイジェストは、その試合のゴールを中心に編集されていることが多いはず。ゴールにならなかったとしても、両ゴール前でチャンスになった場面をピックアップして構成するので、それが視聴者の満足度アップにつながっているのだろう。

両チームにあまりチャンスが訪れない試合でも、ハイライトだけを観るとエキサイティングな試合に感じるから不思議だ。

でも僕はハイライトをあまり観ない。理由は「いきなり答えを観ているような気持ちになってしまうから」。得点場面だけを観るならば、得点場面の10分前から決まる直前までを観る。得点になった理由がその時間に隠されているはずだから。

映像観戦の利点として挙げたいのが「リプレイ」によってプレーの詳細を確認できる点だ。

ここでは試合全体の流れや戦術よりも、〝個〟に注目したほうがいい。カメラがズームアップするので、足首よりもさらに細かい足先の動きまで目で追いかけられる。さらに言うと選手の視線がどこを向いているかにも注目してほしい。

最近のサッカーは縦方向へのスピードがクローズアップされがちだが、サッカー本来の面白さはドリブルや技術で目の前の相手をかわすところにもある。足のどの部分でトラップし、パスを出す時の視線はどこを向いているのか。引きの映像（スタンド上段からのカメラ）ではわからない詳細にプロサッカー選手たるゆえんが詰まっているはずだ。

得点場面をはじめとするゴール前のシーンは、試合中も試合後もリプレイでたくさん観ることができる。それよりも局面が変わるワンプレーに着目することで、ゴールまでの道筋がおぼろげながら見えてくる。

後述する欧州のサッカーファンは、リプレイを確認したわけでもないのに中盤でのさりげない好プレーに拍手を送ってくれる。とても目が肥えていると感じるし、自分自身のパフォーマンスの答え合わせになる。

スタジアム観戦では難しい、映像だからこそそのリプレイを有効活用することで、サッカー観戦が楽しめる。

すすんで贔屓のチームを作ってみる

先にも述べたように、僕はバルセロナの試合を欠かさず観ている。欧州チャンピオンズリーグに代表されるような強豪クラブとのビッグマッチだけでなく、リーグ戦も全試合をフルタイム観ている。時差の関係でリアルタイムは難しいので、基本は結果を知った状態での視聴になる。

バルセロナに関してはほとんどファン目線に近い。組織と個の両方で世界最高峰を感じられて楽しいので、90分があっという間に過ぎていく。

僕がバルセロナの試合を初めて観たのは、1992年のトヨタカップで来日した時だった。南米代表のサンパウロと対戦して1対2で負けてしまったが、当時のサッカーとしては斬新な攻撃スタイルに大きな衝撃を受けた。

特に3トップの両ウイングがタッチライン際に大きく開いている陣形に、中学生だった僕は「このフォーメーションはなんだ?」と驚いたのを鮮明に覚えている。カルチャーショックを受けたという表現がぴったりだ。

その日以来、僕はバルセロナの虜になった。いつか同じピッチでバルセロナのサッカーを体感してみたいという思いを持ちながらレベルアップを目指した。

実際に欧州チャンピオンズリーグで対戦してからは「自分もこのレベルに追いつきたい」という目標に変わった。僕にとっての「理想のサッカー」を見つけてしまったのだ。

現在はJリーグでもバルセロナのように自陣からボールをつないで攻めていくポゼッション型のチームが増えた。かつては相手のプレッシャーに負けて長いボールを蹴ってしまうチームが目立ったが、今ではしっかりボールをつなぐ戦い方を覚えた。

その背景には日本人の技術的な進歩だけでなく、バルセロナの存在が見え隠れする。フィジカル能力に頼ることなく技術と判断力をベースにしてパスをつないでいくという思考は、日本人とバルセロナで共通する部分が多い。僕の中でのひとつの理想は、日本がバルセロナのようなスタイルを身につけることだ。

このようにすすんで贔屓のチームを作るのもサッカー観戦の楽しみ方と言えるだろう。

気に入ったチームを定点観測していくと、その時々で変化が起きていることが分かる。チームは生き物なので、同じ状況は二度とない。選手が入れ替わり、フォーメーションを使い分け、基本戦術が変わらないとも言い切れない。

その対象が身近な場所にあるJリーグのクラブなら、プレーしている選手としてこんなにうれしいことはない。

本当の意味での「ホーム」と「アウェイ」

欧州ではサッカーが文化として確立されている。

そこにはファン・サポーターの存在も含まれ、誰もがサッカーを生活の一部だと考えている。日本ではまだ〝娯楽〟の域を脱しておらず、生活に必要不可欠と言い切れるのは一部の熱狂的な人だけだろう。

そういった価値観の違いもあってか、欧州はホームとアウェイの意味合いがまるで違う。アウェイチームがボールを持っているだけで終始ブーイングが鳴り止まない。それだけで委縮してしまうし、精神的にも後ろ向きになりかねない。プレーに集中できていれば気にならないが、集中しづらい環境というのは想像以上にやりにくいものだ。

反対に、ホームチームがボールを奪っただけでスタジアムは大きく沸く。カウンターを仕掛ける態勢に入ろうものなら、ボルテージはさらに高まる。背中を押されているような気になるし、ホームアドバンテージは確実に存在する。

Jリーグの場合、一定のリズムで応援歌やチャントを唄っているチームが多く、それが日本サッカーの定番になりつつある。ブーイングなどで相手をプレーしづらくするよりも、音楽を大切にすることで応援するチームの気持ちを盛り上げようとする。Jリーグよりも歴史の長いプロ野球にも似たようなところがあるので、これは日本人らしい温かさが感じられるすばらしい応援風景と言えるだろう。

欧州では良いプレーに対して拍手が自然発生し、それがまとまって大音量と迫力になる。応援の声も低く重低音で唸るような音が特徴的で、僕は海外移籍してから初めてホームとアウェイの違いをリアルに感じた。

アウェイゲームは非常に戦いにくく、そのため「引き分けでもＯＫ」と考えるチームが多い。本当に普段の力の半分も出せないのだから、サポーターの存在は大きな意味を持っている。

4年に1度行われるワールドカップはホーム&アウェイを強く感じさせる舞台ではない。なぜならば、開催国以外はホームでもアウェイでもなく中立国でプレーするから。国同士の戦いで考えると、限られた出場枠を争う予選や大陸別の大会はホーム&アウェイが状況を大きく左右するはず。

2004年に中国で開催されたアジアカップは、政治問題も絡んでいたため中国国内で反日感情が強く、日本代表を取り巻く環境はとても厳しいものだった。スタジアムに着くまでのバスが中国人サポーターに囲まれ、あろうことか国歌斉唱中にブーイングを浴びた。苦しい戦いの末になんとか優勝を飾ることができたけども、大会期間中は神経をすり減らせる思いだった。

ピッチ外にいながら12番目の選手になれるのがサポーターだ。彼らは観戦者にとどまらず、試合結果をも左右することがある。

スタンドの反応が選手の出来を左右する

ファン・サポーターは選手にパワーと勇気を与える存在だ。

欧州の人々は、ゴールシーンやチャンスになりそうな場面だけ沸くのではない。試合中の何気ないワンプレーを切り取り、選手のこちらが感心してしまうような反応が起きる。大勢の人のリアクションを取るタイミングが自然と同じになるのは、サッカーを観る目が肥えているからだろう。

例えば、イタリアでは攻め込まれている状況でセンタリングをブロックすると拍手をもらえる時がある。

地味に見える守備動作でも拍手をもらえるのは守備文化が発達している国ならでは。スペースにこぼれたルーズボールを競り合う激しいプレーにも観客が沸き、選手のアドレナリンを掻き立ててくれる。

反対にスコットランドでは自分がセルティックに移籍加入した最初の時から、サイドチェンジと呼ばれる反対サイドへの長いボールを通すなど技術的なプレーで拍手をもら

欧州のファン・サポーターはサッカーを観る目が肥えている

えた。「これがいいプレーと評価されるのか」と確認できたし、認められた気持ちにもなる。チームとしても、攻撃を一度やり直すために必要なバックパスには拍手が起きる。

当然、サポーターは選手個々の情報についても詳しい。

中村俊輔のプレースタイルを知ってくれているからこそ、僕がヘディングをしただけでスタンドが沸いた(笑)。「おぉ、ナカ(中村俊輔の愛称)が珍しくヘディングをしたぞ」って。

他にも、加入後初出場となる選手が交代でピッチに入る際、タッチライン際に立って準備しているだけで歓迎の意味を込めて拍手喝采。サブメンバーがウォーミングアップを開始するだけで歓声が沸き、その試合で良いプレーをしてゲーム終盤に交代でベンチに下がる選手はスタンディングオベーションで見送られる。

それらすべてが、ホームチームに有利に働くようなアクションをとる。気持ちを乗せて自信をつけさせてくれるようなイメージで、自然と力が湧いてくる。対戦相手にすれば〝アウェイ〟を感じる瞬間になるだろう。

ちなみに、ミスが3回くらい続くとスタンドから選手を鼓舞する声が飛んできて、尻を叩かれる。決してネガティブな意味合いではなく、より積極的にプレーするために背中を押された気分になる。

観戦術というよりも観戦方法ではあるが、良いプレーを引き出すためにファン・サポーターもひと役買っている。ピッチ内はもちろんのこと、ピッチ外を観て感じるのもサッカーの楽しみ方のひとつだ。

ウォーミングアップから読み解けるチームの狙い

生観戦の際、キックオフのどれくらい前にスタジアムに着くだろうか。カップルやファミリーならばスタジアムグルメなどを楽しむのもサッカー観戦の魅力のひとつ。Jリーグでは各クラブがそれぞれの形で、ピッチ内だけでなくピッチ外でも魅力を上げるために努力している。

試合開始が近づいてキックオフ45分から30分前くらいになると、選手がウォーミングアップをするためにピッチに登場する。スタジアムも徐々に盛り上がり、独特の高揚感に包まれていく。

戦いはこの時から始まっている。

ウォーミングアップの基本は、体をほぐしながらボールとグラウンドの感触を確かめ、心肺機能をほどほどに上げること。本番よりも強度を2ランクくらい落としてもいいだろう。あとは頭とメンタルが整えば、内容に関しては大きな問題ではない。

多くのチームが採り入れているのが試合に先発する選手を半分ずつに分けた5対5の

パスゲームだ。数的同数の場合だけでなく、マイボールのチームに加わるフリーマンを混ぜることも多い（ボール保持側はフリーマンを含めた6人になり、数的優位の状況を作れる）。パスをつなぐ技術的な要素に加えて、ボールを追いかけることで心拍数を上げ、攻守の切り替えでスピード感を体に馴染ませる。

ここではコートのサイズに注目してほしい。狭いエリアであえてプレッシャーがかかりやすい状況に設定しているのか、あるいは少し広めにして体を動かすことに重きを置いているのか。わずかな差かもしれないが、それぞれで狙いが異なる。

個人的には、コートを広めにしてボールを持っている側が少し有利になるくらいがちょうどいいと考えている。追いかける側はなかなか奪えないが、味方同士でコミュニケーションを図り、動きを確認することをテーマにすればいい。狭い局面での2対2や3対3の発展形がゲームなので、もうすぐ始まる試合への関連性も十分ある。

サッカーを始めてすぐに習う〝リフティング〟も効果的なウォーミングアップだ。

人間は緊張すると余裕がなくなるので、特に浮き球の処理に慌ててしまい、自分の居場所が分からなくなってしまう。そういった意味で、浮いたボールに慣れつつ負荷もか

ウォーミングアップから読み解くチームの狙い

【狭いエリアの場合】

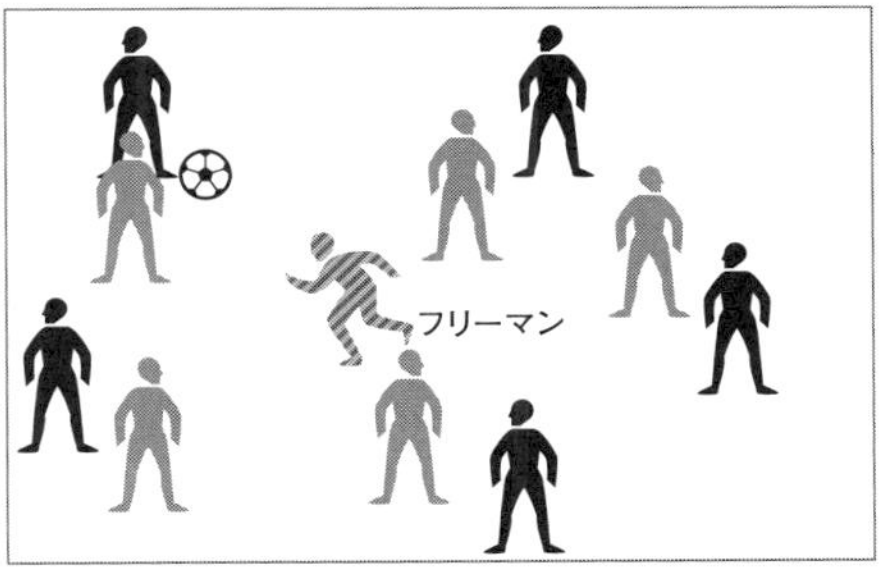

・狭いエリアに設定することによって、相手からのプレッシャーがかかりやすい状況を作れる

【広いエリアの場合】

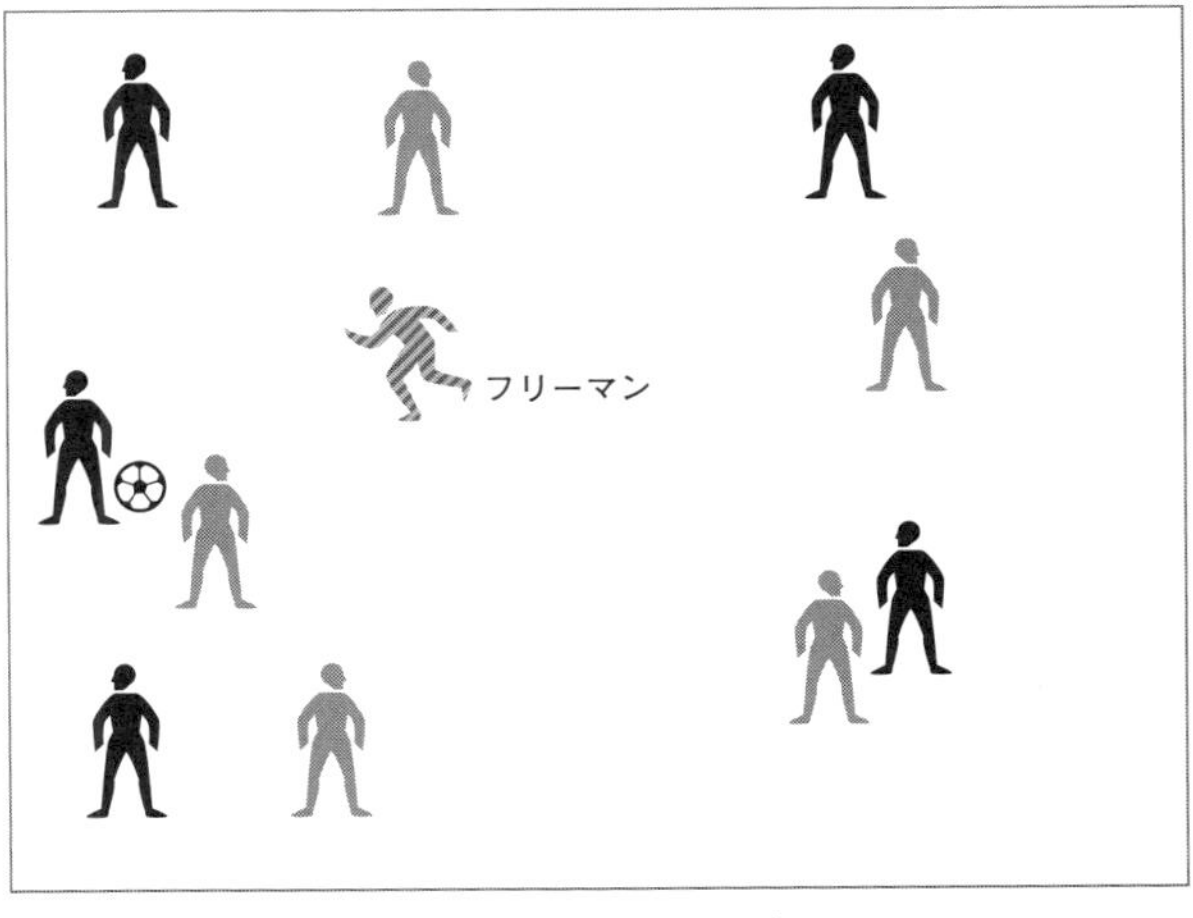

・広いエリアに設定することによって、ボールキープする感覚を体に馴染ませることができる

からないリフティングが有効になる。気持ちをリラックスさせた状態でボールに触れられるのもメリットだろう。

選手はウォーミングアップをルーティン化したくなるもの。毎試合同じリズムでキックオフを迎えると精神的なストレスも少なく、スムーズに試合へ入って行ける。その中でいかにして体と心を本番に向けて高めていくかがテーマだ。

将来、僕が監督になったら、最初にチーム全員でハーフコートの外周をランニングさせたいと思っている。「ここでこれから戦うぞ」という意識を持たせるのと、目と耳を慣れさせて雰囲気に溶け込ませる狙いがある。

選手たちの真剣な目つきが、試合へのモチベーションの高さを伝えてくれるはず。ウォーミングアップだからといって侮るなかれ。

何かが起きる2〜3秒前を把握する

サッカーを横視点（メインスタンドやバックスタンド）で観るか、縦視点（主にゴール裏)で観るか。映像の場合は横視点がほとんどだが、実際のスタジアムには縦視点や斜め視点という選択もある。

昔、Jリーグが開幕する以前に日産自動車サッカー部と読売サッカークラブの試合をゴール裏から観戦したことがある。目の前にあるゴール前の攻防を間近に感じて、とにかく迫力がすごかった。一方で、試合全体の駆け引きを把握するのは難しい。

縦視点の場合、攻守両面でゴール前のプレーの詳細を確認しやすい。

センタリングが上がりそうな時のFWとDFは、互いに体をぶつけ合いながらポジションを確保するための攻防を繰り広げているはずだ。CKなどのセットプレーも全体のバランスを把握した上で観戦できるので、興奮の度合いがさらに増す。サッカー専用スタジアムならば選手の肉声が聞こえるかもしれない。

ボールが反対側のゴールに近くなってしまうと距離が遠くなってしまうが、その時はFWがどの位置に攻め残っているかを確認しておくと面白い。カウンターになる以前にパスコースを作る動き出しを始めている場合が多いはずだ。

攻めている側のDFがどのようにリスクマネジメントしているか、もしくはGKがゴールマウスを離れてどの位置にポジションを取っているのかも重要な観戦ポイントになる。

対する横視点のメリットは、ピッチ全体を把握できる点だろう。

縦視点では把握しにくいディフェンスラインからFWまでの距離がどれだけコンパクトになっているかが分かる。そしてFWは相手の最終ラインを突破するために駆け引きを繰り返しているはずなので、その動きとともにDFの対応に注目したい。

また、ピッチの横幅を両チームがどれだけ有効活用できているかを確認できるのも横視点ならでは。迫力よりもプレーの正確性や駆け引きが伝わりやすいアングルと言える。

サッカーの試合で何かが起きる2〜3秒前には、必ずと言っていいほど選手間の駆け引きがある。TVではボールを中心に映し出されるが、それを観られるのがスタジアム観戦の最大の魅力だ。

ボールがないところで何が起きているのかが分かれば、次の展開が予測できる。

目の前で起きた事象だけにとらわれるのではなく、事前に予測や想像をしておくことで実際のプレーがより意味を持つ。

スタジアムでの観戦術

【縦視点】

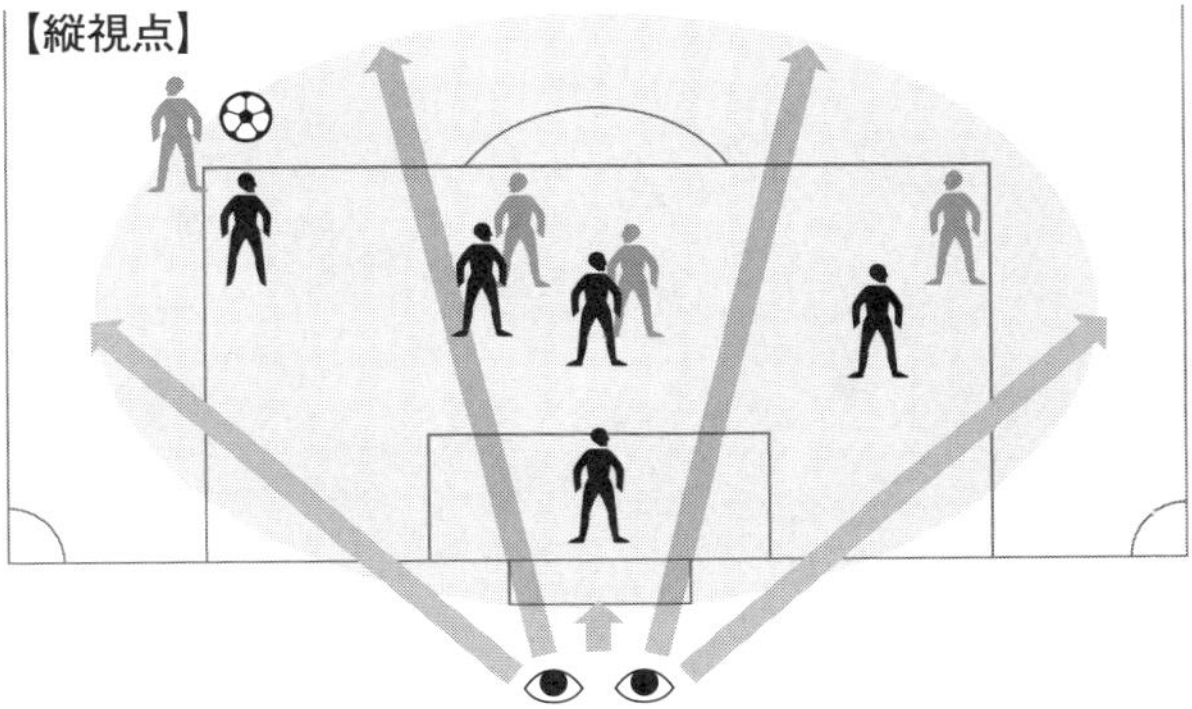

・ゴール前の攻防をさらに詳しく見ることができる
・CK や FK などセットプレー時の体のぶつけ合いや
FW の動き出しなど細かい部分を間近で感じられる

【横視点】

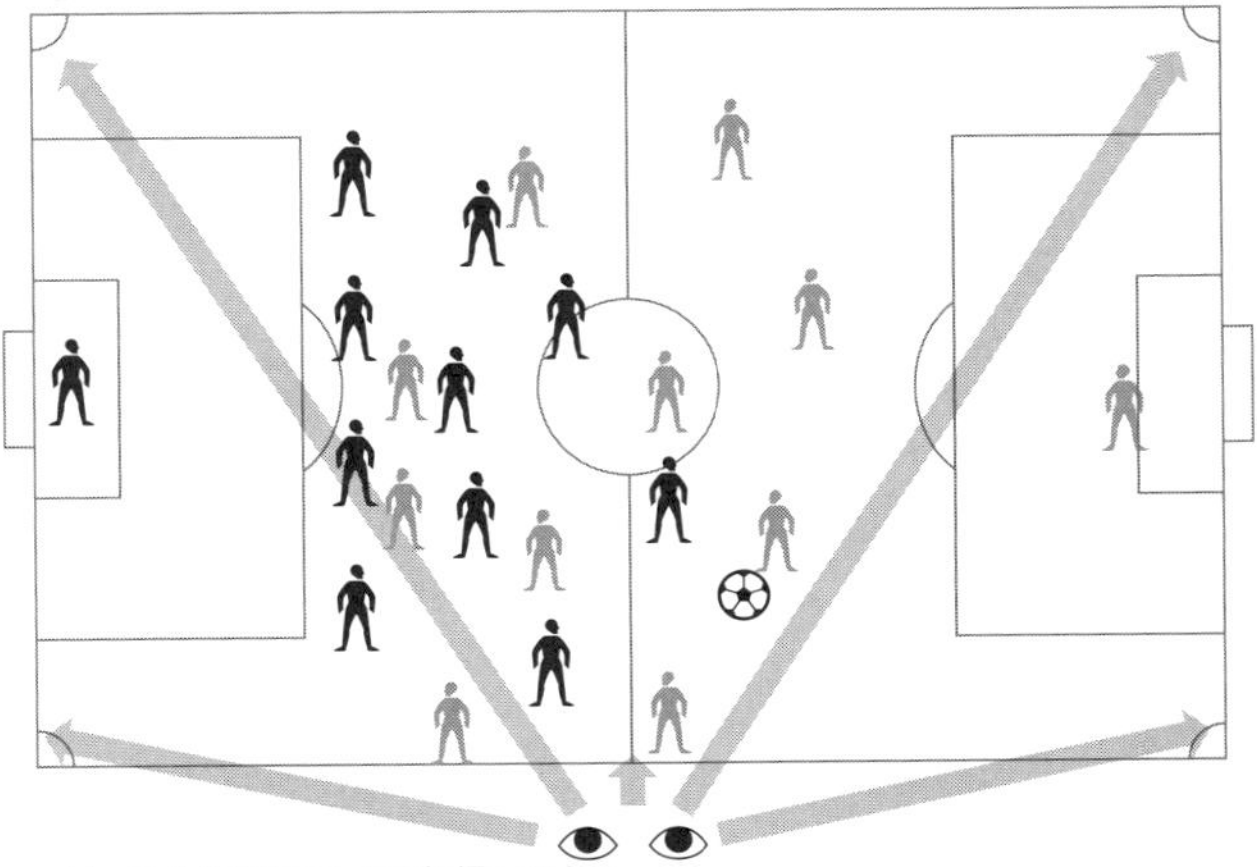

・ピッチ全体のバランスを把握しやすい
・ディフェンスラインがそろっているかなど、より戦術的な視点が可能に

巻末特典

記憶に残る5ゲーム

本書の最後に、僕の記憶に強く残っている試合を挙げておきたい。

今まで記してきた「サッカー観戦術」の総決算のような試合ばかりだ。

機会があればぜひ映像などで観てもらいたい。

レアル・マドリード×バルセロナ（2009年5月2日）

エンターテインメント性が高く、サッカーへの関心の強弱にかかわらず誰でも楽しめるチームといえば、真っ先にバルセロナの名前を挙げたい。とにかく攻撃的で単純にゴール数も多いから、自然とテンションも上がる。

本編でも述べたように、僕自身はいまだにバルセロナのスペクタクルなサッカーに魅了され続けている。

是非、みなさんに観てもらいたいのが2008―2009シーズンの終盤戦、5月2日に行われたレアル・マドリード対バルセロナの一戦だ。

スペインを代表する2大クラブの対戦は「エル・クラシコ」（伝統の一戦）と呼ばれているけど、アウェイのバルセロナが6対2で勝利するという衝撃的な結末だった。ビッグクラブ同士の対戦でこれだけの大差がつくのは珍しいことだと思う。

バルセロナの攻撃には、僕が考えるサッカーのすべてが詰まっている。ワンタッチ、ツータッチのテンポ良いパス交換を軸にしながら、随所にドリブルがアクセントとして入る。人とボールの距離感、トライアングルの作り方、オーバーラップのタイミングなどなどピックアップしたいポイントはたくさんある。ポゼッションサッカーの理想形と言っていいチームだ。

そのチームの中心選手が、本編でも多く紹介したメッシだ。

彼が背番号10を背負った最初のシーズンで、メッシの時代が幕開けした。

ちなみにメッシが初めてＦＩＦＡバロンドール（ヨーロッパの年間最優秀選手に贈られる賞）を受賞したのが２００９年だから、この個人タイトルが彼の活躍ぶりを証明している。ひとりでなんでもできてしまうメッシは、間違いなく世界最高のプレーヤーだろう。

因縁のライバルクラブに勝ったバルセロナは、その勢いのままチャンピオンズリーグも制して欧州最強の名をほしいままにした。このシーズンのバルセロナはとんでもなく強く、僕は10年以上もバルセロナの試合を定点観測しているけど、特に印象に残っている時期だ。

この試合は10年近く経った今でも繰り返し再生している。

特に自分の調子がイマイチの時に観ると「サッカーはこういうものだった」と頭の中が整理されて、気持ちが落ち着く。だから何度も再生ボタンを押してしまう。

フランス代表×日本代表（2001年3月24日）

僕はトップ下というポジションにこだわりがある。小さな頃からこのポジションでサッカーをやってきたし、古臭い10番のまま引退したいという思いもある。

こちらも先述したが、そのポジションで理想としている選手がジダンだ。

ユベントスやレアル・マドリード、そしてフランス代表でもトップ下として君臨し、チームに数多くのタイトルをもたらした。ワンプレーで空気をガラッと変えてしまう存在感。ただトップ下の位置にいるのではなく、チームに勝利をもたらす選手だからこそ、プレーを追いかけてきた。

そのジダンと対戦できたのが2001年だった。僕は日本代表の一員としてフランス代表との試合に先発し、世界トップクラスの選手たちと対峙した。

当時、自分は本来のトップ下ではなく、左ウイングバックを任されていた。

個人的にはこだわりのトップ下で勝負したい気持ちが強かったけど、2000年のアジアカップでは左ボランチの名波（浩）さんとポジションチェンジしながらプレーさせてもらうことで優勝に貢献できて、チームとしての連係もかなり出来上がっていた。チームとしても個人としても楽しみな試合だった。

でも現実は甘くなかった。1998年ワールドカップと2000年EUROを続けて優勝した世界チャンピオンの実力は、自分たちの想像よりも遥か上を行っていた。

0対5というスコアが示すとおりの完敗で、ただ負けただけでなく積み上げてきたものがすべて壊れるような衝撃を受けた。

僕個人はというと、前半45分間に出場しただけで交代となり、本当に何もできなかった。ピッチに立っている時も何をすればいいのか分からなかったし、自分がプレーしていて相手とこんなにも大きな差を感じたことは過去になかった。

日本にとってはショッキングな試合だったけど、その中でヒデさんだけは違った。フランス代表と互角に渡り合い、セリエAでも活躍できる理由を証明していた。それを見て、自分も場数を踏まないといけないと感じ、Jリーグでプレーしているだけでは差が開いてしまうと危機感を覚えた。この経験が、自分も早く世界に飛び出さなければいけないという思いを強くした。

その後、僕は2002年のワールドカップメンバーに選ばれなかった。悔しいけれど、それが自分の実力だったということ。

フランス代表が相手でもしっかりと自分のプレーを出せるようにならなければいけない――。サッカー人生において新しい基準が生まれた貴重なゲームだった。

ベルマーレ平塚×横浜マリノス（1997年5月3日）

これまでたくさんのＦＫを決めてきた。

自分が左足をひと振りすることでチームの結果や流れを大きく変えられる一方で、反対に劣勢に追い込まれた経験もしてきた。

第4章でも書いた通り、セットプレーは怖い。ボールが止まった状態からリスタートするから、選手の集中力が途切れやすい。みなさんが観戦している時も、ほんの少し目を逸らした瞬間にセットプレーからゴールが生まれたという経験があるのではないだろうか。

僕がプロ入りして初めてＦＫを決めたのが、ルーキーイヤーの第6節・ベルマーレ平塚（現・湘南ベルマーレ）だ。一生の記録に残るプロ初ゴールがＦＫだったのは、今となってはとても自分らしい気がする。

その後、自分の代名詞にもなるＦＫだけど、正直に言うとプロになるまではＦＫに対して特別な意識は持っていなかった。得意としているプレーのひとつという感覚くらいで、あまり深く考えていなかった。

もちろん高校時代からたくさん練習していたけど、プロになってからはもっと練習した。偉大な先輩方がたくさんいる中でキッカーを任せてもらうのだから、しっかり責任を持って蹴らなければいけないのは当然だろう。

高卒ルーキーの18歳がFKを蹴るのは異例なことだった。当時、マリノスを指揮していたアスカルゴルタ監督にフリーキッカーに指名され、早い時期から責任感とプレッシャーを与えてもらった。これまでキッカーとしての自覚を持ってここまで取り組んでこられたのも監督が機会を与えてくれたからだ。

初ゴールそのものは嬉しかったけど、1対4から2対4になっただけでチームの勝利につながらなかったのが残念な思い出だ。第1章でも述べたように、トップ下としてチームを勝利に導ける選手になるのが自分の理想であり、この頃の自分はまだまだ力が足りなかった。

でもこういった経験を経て、プロ2年目からはレギュラーになれた。

プレースピードやフィジカルに早いタイミングで慣れることができたのは1年目から出場機会を与えてもらったことが大きい。それに加えてセットプレーを任されることで責任感と自覚を持てた。ＣＫで的外れなボールを蹴ったら、ゴール前で待っている井原（正巳）さん、小村（徳男）さん、城（彰二）さんに申し訳ないし、居残り練習ではゴールに（川口）能活さんが構えて、遅くまで自分のために付き合ってくれた。

偉大な先輩方に恥じないためにも、自分は与えられた持ち場でしっかりプレーしなければいけないと感じたプロ１年目だった。

レッジーナ×インテル（2002年9月22日）

目標のひとつだった海外移籍を実現させたのは２００２年のこと。

国が違えば文化が違うし、当たり前だったことが当たり前ではなくなる。そういった経験が人間を強くするし、経験値になっていくのだと思う。

僕が初めて海外移籍した時代とは違い、今はもっと若い世代の選手が海を渡るようになったし、日本人の評価が上がったことでチャレンジしやすい流れが出来ている。ロシアワールドカップで活躍した大迫（勇也）選手や乾（貴士）選手は海外リーグで揉まれた経験を日本代表の力に還元した好例じゃないかな。

僕が最初に加入したレッジーナは優勝を狙えるようなビッグクラブではなかったけど、当時は世界最強リーグの呼び声高いセリエAにワールドクラスの選手が集まっていた。レッジーナでは名門・インテルと第3節で早くも対戦する機会が訪れた。レッジョ・カラブリアはイタリアの片田舎だったから、セリエAに昇格した喜びに加えて、ビッグクラブが自分たちの街へやって来ることへの興奮を抑えきれなかった。スタジアムに入る前から熱気がすごかったし、盛り上がりがダイレクトに伝わってきて、自分のモチベーションも自然と上がった。

僕は対戦前も対戦中も、ずっとドキドキワクワクが止まらなかった。自分にとってゲームの中の選手がたくさん目の前にいたから（笑）。でも、初めての海外移籍で自分も結果を出して生き残らなければいけない。そんな日々の始まりがとても刺激的に思えた。

相手選手の名前に遠慮はなかったし、ガチガチに緊張したわけでもない。かといって僕は必要以上に力むタイプでもないので、とにかく興奮しかなかった。

試合前、現地の新聞に『東洋のバッジォ』と書かれたけど、それもあまり気にならなかった。自分は24歳の海外初挑戦で、右も左も分からず前へ突き進むしかない立場だから。

試合は0対1で負けている状況で、後半ロスタイムにPKを任せてもらい、セリエAでの初得点を決めることができた。PKとはいえ存在を認めてもらう上で初ゴールの価値は大きい。でも、その後に失点して1対2で負けてしまった。

苦しみながらも勝ち点を獲れる可能性があっただけに悔しい敗戦になったけど、強豪クラブと接戦を演じたことである程度の手ごたえを感じた試合でもある。戦術的観戦術になぞらえるならば、ボールを保持していないチームでも試合に勝てる可能性を示せた。

キルマーノック×セルティック（2007年4月22日）

先に挙げたルーキーイヤーのベルマーレ戦もそうだけど、FKでゴールネットを揺らす瞬間はなんとも言えない感覚に陥る。自分の〝ゾーン〟に入って蹴っていることが多いので、周りのことは何も気にならないし、聞こえない。不思議な空間にワープするような感覚と言えばいいかもしれない。

相手GKとの駆け引きも見どころだと思う。このあたりはセットプレーの章（第4章）で詳しく解説したけど、大事なのは互いの立ち位置と目線。この2つのポイントを分かりやすく感じられるのはゴール裏から観た縦視点かもしれない。メインスタンドやバックスタンド、あるいは映像では、キッカーとGKを同一線上に並べるのが難しい。

そうやって決めたFKの代表例が、セルティック2年目のシーズンで自分がFKを決めて2連覇を達成したキルマーノック戦だ。

1対1の後半ロスタイムにゴール右寄りの位置でFKのチャンスを得た。勝てば勝利ではなく、勝てば優勝というシチュエーションは人生の中でもなかなか巡り合えない。そしてこのFKは、決めれば優勝という特別なセットプレーだった。

自分の一発で優勝を決めたかった。

壁はたしか5枚いて、味方もGKの視野からボールを消すために壁に入ってくれていた。

そのシーズンはチャンピオンズリーグやリーグ戦でも印象的なＦＫを決めていたので、その弾道や軌道が相手ＧＫの頭の中にあったと思う。ＧＫがニアサイドに動くことを感じ取っていたので、あえて低い弾道でファーサイドを狙った。壁の外側から巻くようにサイドネットに決まったシュートは、自分のイメージ通りだった。

ゴールを決めてユニホームを脱いだのは後にも先にもなくて、この試合のこの時だけ。実は、ゴールを決めてユニホームを脱ぐパフォーマンスを一度やってみたいという気持ちは胸に秘めていた。

でも、あの時は意識してやったのではなく、興奮してアドレナリンが出て自然とユニホームを脱いでしまった。体が勝手に動いたというのかな。ただ、やっぱりイエローカードだったけど（苦笑）。

おわりに

藤井雅彦（本書担当ライター）

本書のテーマは「観戦術」。

それを現役選手が語ることに意義がある。第一線を退いた後に発表する過去の視点ではなく、現在進行形だからこそ説得力が増す。そこにはトッププロだから見える景色と語れる事象がある。

中村俊輔は生粋のサッカー小僧だ。40歳になった今も、衰えることのない情熱でグラウンドを走り、ボールを追いかけている。セットプレーの章でも話していたように、こんなにも〝一球入魂〟できる選手を、他に知らない。

ゆえに、紡いでいく言葉の一つひとつも奥深い。イメージを言語化し、さらに文章として伝えていくのは難しい。まるで実際のサッカーと同じように何度もノッキングを繰り返しながら、辛抱強くゴールを目指した。

ある時はコンディション維持の礎となる食事をしながら、ある時は疲労を残さないためのマッサージを受ける最中に、そしてまたある時は忙しい移動の合間を縫って車内でインタビューに応じてくれた中村。その至極の思考をまとめた書籍制作に携われたことは、私のライター人生において一生の財産だ。

今はまだ想像できないが、いつかスパイクを脱ぐ日がやって来るのだろう。そして、すでに公言しているように中村は指導者への道を歩むはずだ。マリノスのジュニアユースからユースに昇格できない挫折を味わった経験は、育成年代の指導に活かされるはず。日本人の最先端を走った輝かしい経歴は、Jリーグや日本代表を率いる際の糧となる。

でも、その前に解説者・中村俊輔も観てみたい。

中村俊輔（なかむら・しゅんすけ）
1978年神奈川県生まれ。
97年に横浜マリノス（現 横浜F・マリノス）加入。
99年から背番号10を背負い、
2000年MVPなどのタイトルを受賞。
その後、
イタリア・セリエAのレッジーナ（02〜05年）、
スコットランドの名門セルティックFC（05〜09年）、
スペインのエスパニョール（09〜10年）と欧州3か国でプレー。
リーグ3連覇や年間最優秀ゴール、
日本人初の海外リーグMVPを受賞するなど活躍。
10年横浜F・マリノスへ復帰。
13年史上初となる2度目のJリーグMVPを受賞。
17年ジュビロ磐田へ移籍し現在に至る——。
18年英紙『スコティッシュ・サン』による
「世界ベストＦＫキッカー10傑」に選出。
19年現在、J1歴代最多のフリーキック24得点を記録している。
日本代表として長きにわたり10番として活躍し
06年W杯、10年W杯に出場。Aマッチ98試合24得点。

中村俊輔式 サッカー観戦術

著者 中村俊輔

2019年3月1日 初版発行
2019年4月1日 2版発行

発行者 横内正昭
編集人 内田克弥
発行所 株式会社ワニブックス
〒150-8482
東京都渋谷区恵比寿4-4-9えびす大黒ビル
電話 03-5449-2711（代表）
03-5449-2716（編集部）

帯デザイン 小口翔平＋喜來詩織（tobufune）
カバーデザイン 橘田浩志（アティック）
構成 藤井雅彦
帯写真 RYUGOSAITO
マネジメント 小舘 陽（スポーツコンサルティングジャパン）
協力 スポーツコンサルティングジャパン
図版 森田 直／積田野麦（FROG KING STUDIO）
校正 玄冬書林
編集協力 内田克弥（ワニブックス）
編集 中野賢也（ワニブックス）

印刷所 凸版印刷株式会社
DTP 株式会社 三協美術
製本所 ナショナル製本

ISBN 978-4-8470-6619-1
ワニブックスHP http://www.wani.co.jp/
WANI BOOKOUT http://www.wanibookout.com/

本文写真 アフロスポーツ（P17）Jinten Sawada／アフロ（P24）・Press Association／アフロ（P38・P117）・YUTAKA／アフロスポーツ（P45）・アフロ（P79・P81・P108）・BFP／アフロ（P82）・Pablo Morano／アフロ（P86）・Belga Image／アフロ（P94）・YUTAKA／アフロスポーツ（P113）・Laci Perenyi／アフロ（P129）・なかしまだいすけ／アフロ（P143）・ロイター／アフロ（P157）